古典文獻研究輯刊

三十編

潘美月・杜潔祥 主編

第3冊

《清史稿・藝文志》及《補編》《拾遺》之子部小說著錄研究（下）

鄭詩儐 著

國家圖書館出版品預行編目資料

《清史稿‧藝文志》及《補編》《拾遺》之子部小說著錄研究（下）
／鄭詩儐 著一初版一新北市：花木蘭文化事業有限公司，
2020〔民 109〕
目 4+140 面；19×26 公分
（古典文獻研究輯刊 三十編；第 3 冊）
ISBN 978-986-518-088-1（精裝）
1. 清史稿 2. 研究考訂
011.08   109000636

ISBN-978-986-518-088-1

9 789865 180881

古典文獻研究輯刊
三十編 第三冊   ISBN：978-986-518-088-1

《清史稿‧藝文志》及 《補編》《拾遺》之子部小說著錄研究（下）

作　　者	鄭詩儐
主　　編	潘美月　杜潔祥
總 編 輯	杜潔祥
副總編輯	楊嘉樂
編　　輯	許郁翎、張雅淋　美術編輯　陳逸婷
出　　版	花木蘭文化事業有限公司
發 行 人	高小娟
聯絡地址	235 新北市中和區中安街七二號十三樓
	電話：02-2923-1455／傳真：02-2923-1452
網　　址	http://www.huamulan.tw 信箱 hml810518@gmail.com
印　　刷	普羅文化出版廣告事業
初　　版	2020 年 3 月
全書字數	191065 字
定　　價	三十編 18 冊（精裝）新台幣 40,000 元　　版權所有‧請勿翻印

《清史稿‧藝文志》及
《補編》《拾遺》之子部小說著錄研究（下）

鄭詩儐 著

目　次

表目錄

第五章 「三志」子部小說著錄之小說史研究意義

　　一般而言，撰寫小說史的第一步工作是調查、清理小說作品。如果撰寫清代文言小說史，要在最大程度上把握有清一代的子部小說文獻，「三志」無疑是其一條有利的門徑。本章著眼於目錄的學術史意義，除了「三志」，也試圖考察有清一代的官私書目及今人編纂的文言小說專科目錄的著錄情況，對相關目錄的小說著錄進行梳理、判別和補缺。在力所能及的範圍內詳細、準確掌握有清一代文言小說著述的整體面目。接著，考察現有的清代文言小說史著作的引書，與「三志」較之，探究兩者之間存在的聯繫性與差異性，由此進一步深入到小說史研究的層面，對現有的文言小說史著作進行評述，以期於清代文言小說史的寫作與研究有所貢獻。

第一節　「三志」子部小說著錄之商榷

　　鍾少華在《爲〈清史稿藝文志拾遺〉獻芹》一文中指出，曾有人建議將《清志》《補編》《拾遺》三部工具書合一，[註1]而山東大學的杜澤遜先生也出版了《清人著述總目》。適才提及的將《清志》《補編》及《拾遺》合一，本文甚爲贊同。然而，「三志」合一，有些工作是必須考量到的，就文言小說著錄方面言之，對「三志」所錄小說的判別、鑒定、取捨至爲重要，所以要注意考慮哪些小說書目應該剔除，哪些應該增補？上文第二章論述「三志」

〔註1〕鍾少華：《爲〈清史稿藝文志拾遺〉獻芹》，《中華讀書報》，2002-08-28。

的得失批評時，已經提到《拾遺》雖然已經徵引了數百種書目，但仍有大量書目尚未徵引。另一方面是關於「三志」小說著錄中仍然懸而未決的問題，如作者考、一書二名考、卷帙考等細節，有待考證之處頗多。這些都不是憑藉一人之力就足以完成的。雖然如此，個人的努力也是很重要的。本文在搜集資料及研究的過程中，認為「三志」子部小說著錄中一些書目可以剔除，還有些小說作品，未見著錄於「三志」的，本文亦將之收錄。可惜，由於能力有限、識見淺薄，尚有太多文言小說目錄著錄的作品仍未能確認其屬性。

表十一：「三志」子部小說剔除建議

	圖　書	案　　語
1.	劇話	李調元著。《清志》著錄。《八千目》亦著錄在小說類瑣語之屬。寧稼雨《中國文言小說總目提要》列入《剔除書目》中，曰：「按書名度為探討語言者。」應該說，此書是一部探討戲曲歷史、曲目故事及戲曲術語的書。《中國古典戲曲論著集成》第 8 集收錄《劇話》2 卷，曰其上卷漫談戲曲的制度沿革，下卷雜考戲曲所演的故事。李調元還在《劇話》中簡要介紹了「秦腔」「吹腔」「二簧腔」「女兒腔」等。〔註 2〕有《函海》本及《新曲苑》本。因此，《劇話》該從小說之列退出，改列入集部戲曲類，更為合適。
2.	客話	李調元著。今未見傳本。《清志》著錄。《中國古典戲曲論著集成》除了收錄李調元的《劇話》，尚收錄其《曲話》，未知《客話》是不是探討戲曲的著述，退入存疑目錄。
3.	弄話	李調元著。今未見傳本。《清志》著錄。《中國古典戲曲論著集成》除了收錄李調元的《劇話》，尚收錄其《曲話》，未知《弄話》是否也是探討戲曲的著述，退入存疑目錄。
4.	娛目醒心編	杜綱著。《補編》著錄在子部小說類筆記之屬。此書為話本小說，《補編》誤為文言小說。鄭振鐸的《西諦書話》（生活・讀書・新知三聯書店 1983 年版）歸入明清「平話集」中論述。歐陽代發的《話本小說史》（武漢出版社 1994 年版）、孫楷第《中國通俗小說書目》（人民文學出版社 1957 年版）亦收錄此書。
5.	亦復如是	據寧稼雨考證，此書又名《誌異續編》（《申報館叢書》本及《筆記小說大觀》題；前者為 8 卷，後者為 4 卷）。除了書名與卷數不同，內容幾乎全同。〔註 3〕《拾遺》即著錄《亦復如是》，又著錄《誌異續編》，可刪其一。

〔註 2〕 中國戲曲研究院編：《中國古典戲曲論著集成》，北京：中國戲劇出版社，1959年，第 33 頁。
〔註 3〕 寧稼雨：《中國文言小說總目提要》，濟南：齊魯書社，1996 年，第 340 頁。

| 6. | 瑣蛄雜記 | 《補編》著錄了《瑣蛄雜記》12 卷，題竹勿山石道人撰，又著錄了《六合內外瑣言》20 卷，題屠紳撰。魯迅《中國小說史略》收錄此書，題黍餘裔孫撰，並指《六合內外瑣言》一書別名爲《瑣蛄雜記》。而竹勿山石道人及黍餘裔孫皆爲屠紳的別號。今人王進駒的《〈瑣蛄雜記〉和〈六合內外瑣言〉版本演變及作者考——兼與蕭相愷先生商榷》（《文學遺產》2013 年第 4 期）詳細考證、論述了這一問題，證明了《瑣蛄雜記》爲《六合內外瑣言》的更早版本，並且都是由屠紳所作。應予註明。 |

表十二：「三志」子部小說補脫建議

	圖　書	案　　語
1.	《金壺浪墨》、《金壺遯墨》、《金壺逸墨》、《金壺醉墨》	《八千目》與《續提要》皆著錄 6 種，即《浪墨》《遯墨》《醉墨》《逸墨》《戲墨》及《淚墨》（一名《心影》）。《拾遺》只著錄了其中的《金壺戲墨》及《淚墨》（一名《心影》），脫《浪墨》《遯墨》《醉墨》《逸墨》。《寧氏目》亦著錄，獨缺《醉墨》。
2.	蕉軒隨錄	《拾遺》收錄《蕉軒續錄》，脫《蕉軒隨錄》。《販書偶記》《小說典》《續提要》《寧氏目》小說類有此書。
3.	客窗閒話	《拾遺》著錄《客窗閒話續》8 卷，吳熾昌撰，脫《客窗閒話》。今據《續提要》《中國叢書綜錄》、彭國棟《重修清史藝文志》、小說典、寧稼雨《中國文言小說總目提要》補。韓國延世大學藏有此書。
4.	浪跡三談	《清志》著錄《浪跡叢談》《續談》，脫《三談》。《補編》及《拾遺》未補。《小說典》著有《三談》。
5.	餘墨偶談續編、節錄	《補編》著錄《餘墨偶談》8 卷，《八千目》著錄《偶談》八卷、《續編》八卷，《中國叢書綜錄》著錄《節錄》1 卷。

表十三：「三志」子部小說增補建議

	圖　書	作　者	出處（小說史徵引、館藏書目或書目著錄）
1.	愛鐵道人傳	陳鼎	侯稿（侯忠義《中國文言小說史稿》）
2.	八大山人傳	陳鼎	侯稿　吳史（吳志達《中國文言小說史》）
3.	補張靈崔瑩合傳	黃周星	侯稿　吳史　張史（張浚《清代小說史》）　寧氏目
4.	稗說	宋起鳳	張史　寧氏目
5.	寶媭生傳	陸次雲	張史　侯稿
6.	半暇筆談	孟瑢樾	寧氏目
7.	筆記小說大觀	佚名	寧氏目

8.	叢殘小語	丁健	愚齋目（盛宣懷《愚齋圖書館藏書目錄》錄同書名，江浩然撰。）　《光緒杭州府志‧藝文志》　寧氏目　袁氏目
9.	雌雌兒傳	陳鼎	侯稿
10.	大鐵椎傳	魏禧	侯稿　吳史　張史　寧氏目
11.	多暇錄	程庭鷺	《續提要　中國叢書綜錄》　寧氏目　袁氏目　小說典（「古代小說典」數據庫）
12.	長安看花記（書名又作《辛壬癸甲錄》《長安看花前記》《長安看花後記》《帝城花樣》。）	佚名	張史　中國叢書綜錄　小說典　寧氏目　袁氏目
13.	東皋雜抄	董潮	越縵堂記　續提要　八千目　觀古堂目（《觀古堂藏書目》）　袁氏目　寧氏目
14.	耳郵四卷	羊朱翁（俞樾）	小說史略　侯稿　吳史　中國叢書綜錄　袁氏目　寧氏目　小說典
15.	鬼孝子傳	宋曹	侯稿　張史
16.	鬼母傳	李清	侯稿　張史
17.	古今說部叢書	佚名	中國叢書綜錄　寧氏目
18.	狗皮道士傳	陳鼎	侯稿
19.	薈蕞編	俞樾	吳史　中國叢書綜錄　重修清史藝文志　袁氏目寧氏目
20.	會仙記	徐喈鳳	侯稿　張史　寧氏目
21.	後會仙記	仇元善	寧氏目
22.	化虎記	徐芳	張史
23.	活死人傳	陳鼎	侯稿　張史
24.	海烈婦傳	陸次雲	小說典
25.	洪福異聞	佚名	小說典
26.	洪楊軼聞	佚名	小說典
27.	絳雲樓俊遇	噑噑子	中國叢書綜錄　袁氏目　寧氏目　小說典
28.	今列女傳、附錄	佚名	中國叢書綜錄　小說典
29.	澆愁集八卷	鄒弢	小說史略（《中國小說史略》）寧氏目
30.	見聞瑣異鈔	嚴曾榘	光緒杭州府志‧藝文志　袁氏目　寧氏目
31.	見聞紀異聞	陳藻	寧氏目
32.	見聞錄異	陳奇銑	《福建藝文志》　袁氏目　寧氏目

33.	晉唐小說暢觀	馬俊良	中國叢書綜錄　寧氏目
34.	皆大歡喜	佚名	販書偶記　袁氏目　寧氏目
35.	近世叢語	（日本）角田簡	國會議事堂圖書館古典籍資料室藏　愚齋目
36.	續近世叢語	（日本）角田簡	國會議事堂圖書館古典籍資料室藏
37.	聊齋遺志	佚名	寧氏目
38.	聊齋外集	段永源	寧氏目
39.	劉酒傳	周亮工	侯稿
40.	雷州盜記	徐芳	侯稿
41.	梁烈婦傳	王猷定	侯稿
42.	蘭陵女俠	外史氏	小說典
43.	馬伶傳	侯方域	侯稿　張史　吳史　寧氏目
44.	冒姬董小宛傳	張明弼	吳史
45.	毛女傳	陳鼎	侯稿　張史
46.	明齋小識	諸聯	清續經籍考（《清朝續文獻通考經籍考‧藝文志》）八千目　愚齋目　中國叢書綜錄　重修清史藝文志　袁氏目　寧氏目
47.	名捕傳	姚伯祥	小說典
48.	明世說	陳衍虞	侯稿　傳世目
49.	女盜俠傳	西陽	侯稿　中國叢書綜錄　袁氏目　寧氏目　小說典
50.	女俠翠雲娘傳	秋星	侯稿　中國叢書綜錄　袁氏目　寧氏目　小說典
51.	女聊齋誌異	賈銘	小說典
52.	蓴鄉贅落自述	董含	重修清史藝文志 案：《拾遺》著有董含《蓴鄉贅筆》三卷。
53.	秦淮健兒傳	李漁	侯稿　張史　吳史　寧氏目
54.	奇奴傳	馮景	寧氏目　小說典
55.	清人說薈	雷縉	寧氏目
56.	清代筆記叢刊	佚名	寧氏目
57.	俏皮話	吳沃堯	寧氏目
58.	齊東妄言	俞蛟	重修清史藝文志　小說典
59.	清稗瑣綴	佚名	小說典

60.	說夢	曹家駒	中國叢書綜錄　寧氏目　小說典
61.	邵飛飛傳	陳鼎	中國叢書綜錄　袁氏目　寧氏目　小說典
62.	姍姍傳	黃永	中國叢書綜錄　袁氏目　寧氏目
63.	沈秀英傳	繆艮	中國叢書綜錄　袁氏目　寧氏目
64.	僧世說	顏從喬	小說史略　吳史　張史
65.	淞隱漫錄（又名《後聊齋誌異》）	王韜	奎章閣　小說史略　侯稿　張史　吳史　愚齋目　寧氏目
66.	說鈴前集、後集	吳震方	孫氏目
67.	宋人小說類編、續編	吳爲楫	八千目　寧氏目
68.	說庫	王文濡	寧氏目
69.	說部擷華	玉梅詞隱	愚齋目
70.	湯琵琶傳	王猷定	張史　寧氏目
71.	挑燈新錄	荊園居士	張史　寧氏目　奎章閣
72.	吳語	戴延年	續提要　清續經籍考　八千目　袁氏目　寧氏目　小說典
73.	王氏復仇記	佚名	中國叢書綜錄　袁氏目　寧氏目　小說典
74.	物妖志	葆光子	中國叢書綜錄　袁氏目　寧氏目
75.	外史新奇	李清	寧氏目
76.	我佛山人箚記小說	吳沃堯	寧氏目
77.	吳鯁放言	吳莊	袁氏目　寧氏目　小說典
78.	無稽讕語	王露	奎章閣藏
79.	王烈女傳	汪琬	小說典
80.	笑笑錄	獨逸窩退士	侯稿　中國叢書綜錄　袁氏目　寧氏目
81.	笑林廣記	遊戲主人	小說史略　寧氏目
82.	笑林廣記	程世爵	寧氏目　小說典（案：侯稿亦引此書，未言及作者。）
83.	新世說	易宗夔	小說史略　張史
84.	新世說	王晫	吳史
85.	新搜神記	李調元	寧氏目
86.	新笑史	吳沃堯	寧氏目
87.	新笑林廣記	吳沃堯	寧氏目
88.	翼駧稗編	湯用中	小說史略　侯稿　張史　續提要　清續經籍考　八千目　袁氏目　寧氏目（案：《補編》子部小說類章回演義之屬收錄此書，實爲文言小說。）

89.	圓圓傳	陸次雲	侯稿　吳史　中國叢書綜錄　寧氏目
90.	虞美人傳	沈廷桂	中國叢書綜錄　袁氏目　寧氏目　小説典
91.	影談	管世灝	小説史略　侯稿　吳史　張史　光緒杭州府志・藝文志　袁氏目　寧氏目
92.	蟫史（又名《新野叟曝言》）	屠紳	小説史略　張史　寧氏目　小説典（案：《補編》子部小説類章回演義之屬收錄此書。實爲文言小説。）
93.	燕山外史	陳球	小説史略　張史　八千目　愚齋目　袁氏目　寧氏目　小説典（案：《補編》子部小説類章回演義之屬收錄此書。實爲文言小説。）
94.	燕山外史注釋	佚名	奎章閣藏（案：詹松《乾嘉文言小説研究》錄入此書，未及作者。）
95.	陰德報應錄	朱邦定	福建藝文志　袁氏目　寧氏目
96.	虞山妖亂志	馮舒	中國叢書綜錄　寧氏目　小説典
97.	豔情逸史	佚名	寧氏目
98.	一笑	俞樾	中國叢書綜錄　袁氏目　寧氏目

　　表十一顯示了本文認爲應該從「三志」著錄的子部小説中剔除的 6 種圖書；表十二爲本文據「三志」不慎漏收的作品作出補脱；表十三顯示「三志」尚可增補的作品。本文所增補皆據現有的小説史著作及數種書目材料，並非掌握全部書目資源。在對「三志」子部小説著錄進行研究時，發現了小説史的引書與傳統史志目錄的著錄存在巨大的差別，本文下一節擬對這個現象進行比較分析，由此考察小説史作者與小説目錄學家的小説觀念的差別，並研究兩者之間是否存在互補、互動的可能。

第二節　四種小説史引書與「三志」著錄比較

　　目前爲止，筆者尚未見有清代文言小説史專著出版。因此，要瞭解清代文言小説史的發展，就只好考察中國文言小説史的寫作。魯迅的《中國小説史略》（1923～1924）作爲小説史的開山之作，具有一定的指向作用，自然是本文考察的對象。此外，本文也將侯忠義的《中國文言小説史稿》（1990）、吳志達的《中國文言小説史》（1994）、張浚的《清代小説史》（1997）作爲考察對象，把上述小説史關於清代部分的論述中所引小説全部羅列出來，與「三志」的子部小説著錄進行比較，由此考察上述四種小説史作者與「三志」作者的著錄趨向，看看他們更重視哪些小説家及小説作品。

表十四：小說史中清代文言小說引書與「三志」比較表

小　說	作　者	張史	侯稿	吳史	小說史略	三志	備　註
愛鐵道人傳	陳鼎		✓				
板橋雜記	余懷	✓	✓		✓	清志	
半庵笑政	陳皋謨		✓			拾遺	
八大山人傳	陳鼎		✓	✓			
補張靈、崔瑩合傳	黃周星	✓	✓	✓			
稗說	宋起鳳	✓					
寶篋生傳	陸次雲	✓					
北墅緒言／北墅奇書	陸次雲		✓				
池上草堂筆記	梁恭辰		✓	×	×	清志	魯迅題 24 卷。
此中人語	程麟		✓			拾遺	
池北偶談	王士禛	✓	✓				
陳曉伶傳	杜濬	✓					
長安看花記／帝城花樣	按：蕊珠舊史（楊懋建）	✓					據作者自序，知其先後創作《辛壬癸甲錄》《長安看花前記》《長安看花記》《長安看花後記》，此 4 種合為一帙，題《帝城花樣》。
雌雌兒傳	陳鼎		✓				
自序	陳祖範		✓				
遯窟讕言	王韜	✓	✓	✓	✓	補編	
大鐵椎傳	魏禧	✓	✓	✓			
耳食錄、耳食錄二編	樂鈞	✓	✓		✓	補編	魯迅引《耳食錄》《二錄》。
耳書	佟世思	✓				拾遺	
耳郵	羊朱翁（俞樾）		✓	✓	✓		
浮生六記	沈復			✓		拾遺	
婦人集	陳維崧	✓					

觚賸、觚賸續編	鈕琇	✓	✓	✓		清志	
廣虞初新志	黃承增		✓			補編	
過墟誌感	墅西逸叟			✓		拾遺	
鬼孝子傳	宋曹	✓	✓				
鬼母傳	李清	✓	✓				
狗皮道士傳	陳鼎		✓				
瞽女琵琶記	佚名		✓				
廣陽雜記	佚名		✓				
漢世說	章撫功	✓	✓	✓	✓	清志	
皇華紀聞	王士禎	✓	✓			清志	
花間笑語	釀花使者	✓				拾遺	
海陬冶遊錄	王韜	✓				拾遺	《拾遺》並著錄《附錄》及《餘錄》；張史不引。
壺天錄	百一居士		✓			拾遺	
湖埌雜記	陸次雲		✓				
薈蕞編	俞樾			✓			
會仙記	徐喈鳳	✓					
化虎記	徐芳	✓					
活死人傳	陳鼎	✓	✓				
侯方域魏禧傳	邵長蘅		✓				
虎口餘生記	邊大綬		✓				
畫壁自序	范承謨		✓				
今世說	王晫	✓	✓	✓	✓	清志	
堅瓠集	褚人獲	✓	✓			清志	
蕉軒摭餘	俞夢蕉	✓				補編	
金壺七墨	黃鈞宰		✓			拾遺	《拾遺》只著錄《金壺戲墨》及《心影》（《淚墨》），缺《浪墨》、《遯墨》、《逸墨》、《醉墨》。
見聞錄	徐岳	✓				拾遺	
澆愁集	鄒弢				✓		
江天一傳	汪琬			✓			

江貞毅先生傳	佚名		✓				
乩仙記	佚名		✓				
九牛壩觀觝戲記	佚名		✓				
紀陸子容事	佚名		✓				
記盜	楊衡選		✓				
客窗偶筆	金捧閶		✓		×	補編	
曠園雜誌	吳陳琰	✓				拾遺	
看花述異記	王晫	✓	✓			拾遺	
客窗閒話	吳熾昌	✓	✓				
客中異聞錄	杜晉卿		✓				
浪跡叢談	梁章鉅	✓				清志	
聊齋誌異	蒲松齡	✓	✓	✓	✓	補編	
六合內外瑣言	屠紳	✓	✓		✓	補編	金武祥《江陰藝文志》著錄《璅蛣雜記》。
里乘	許奉恩	✓	✓	×	×	拾遺	
聊齋誌異拾遺	蒲松齡				✓	拾遺	
李姬傳	侯方域	✓		✓			
柳敬亭傳	吳偉業		✓	✓			
柳夫人小傳	徐芳	✓		✓			
李一足傳	王猷定	✓					
林四娘記	林雲銘		✓				
烈狐傳	陳鼎	✓	✓				
留溪外傳	陳鼎	✓	✓				
留溪別傳	陳鼎		✓				
劉酒傳	周亮工		✓				
雷州盜記	徐芳		✓				
留溪東林傳	陳鼎		✓				
梁烈婦傳	王猷定		✓				
上官完古	樂鈞		✓				
明語林	吳肅公	✓	✓	✓	✓	清志	
夢廠雜著	俞蛟		✓			補編	

冥報錄	陸圻	✓	✓			拾遺	
馬伶傳	侯方域	✓	✓	✓			
冒姬董小宛傳	張明弼			✓			
毛女傳	陳鼎	✓	✓				
賣酒者傳	佚名		✓				
毛子傳	施閏章		✓				
馬文毅公廣西殉難始末	徐乾學		✓				
曼殊葬銘	佚名		✓				
明世說	佚名		✓				
女世說	李清	✓	✓	✓	✓	拾遺	《拾遺》並著錄《女世說補遺》。
女世說	嚴蘅		✓			拾遺	
女俠荊兒記	佚名		✓			拾遺	
諾皋廣志	徐芳	✓	✓			拾遺	
女才子集	徐震【煙水散人】	✓				補編	張史題《女才子書》，作者爲「煙水散人」，即徐震。
女盜俠傳	酉陽		✓				
女俠翠雲娘傳	秋星		✓				
彭望祖傳	陳鼎	✓	✓				
秋燈叢話	王椷	✓				拾遺	
秦淮畫舫錄	捧花生		✓			拾遺	
秦淮健兒傳	李漁	✓	✓	✓			
錢塘於生三世事記	佚名		✓				
秋聲詩自序	佚名		✓				
人變述略	佚名		✓				
說鈴	汪琬	✓		✓	✓	清志	
淞濱瑣話	王韜	✓	✓	✓	✓	補編	
三異筆談	許仲遠		✓	✓	✓	拾遺	
述異記	東軒主人	✓	✓			拾遺	
淞隱漫錄	王韜	✓	✓	✓	✓		
僧世說	顏從喬	✓		✓	✓		

書名	作者	1	2	3	4	出處	備註
書沈通明事	汪琬			✓			
書戚三郎事	周亮工	✓					
書影【因樹屋書影】	周亮工		✓				
神鉥記	佚名		✓				
似見篇序	陸次雲		✓				
沈雲英傳	毛奇齡		✓				
述趙希乾事	邱維屏		✓				
神告記	佚名		✓				
沈華陽傳	佚名		✓				
書魯亮傳	袁枚		✓				
宋道人傳	佚名		✓				
書麻城獄	袁枚		✓				
書王士俊	袁枚		✓				
邵士梅傳	陸鳴珂		✓				
唐人說薈	陳世熙	✓				拾遺	
湯琵琶傳	王猷定	✓					
挑燈新錄	荊園居士	✓					
天婚記	佚名		✓				
吳門畫舫錄	西溪山人	✓				拾遺	
聞見異辭	許秋垞	✓	✓		✓	拾遺	
汪十四傳	徐士俊	✓					
武風子傳	方咸亨	✓					
五人傳	吳肅公	✓					
王別駕傳	佚名		✓				
續廣博物志	徐壽基		✓			清志	
諧鐸	沈起鳳	✓	✓	✓	✓	補編	
小豆棚	曾衍東	✓				拾遺	
昔柳摭談	馮起鳳	✓	✓	✓	✓	拾遺	《拾遺》著錄作者為馮（佚名），其他書目及4種文言小說史皆認為出自馮起風之作；寧稼雨則認為作者是梓華生，非馮起鳳。彭國棟《重

書名	作者						備註
							修清史藝文志》言作者爲汪人驥。案：據上海大聲圖書局於民國 3 年（1914）出版的《繪圖昔柳摭談》，作者題清平湖梓華樓馮氏，巢縣汪人驥輯。
新齊諧【子不語】	袁枚	✓	✓	✓	✓	拾遺	
續新齊諧【續子不語】	袁枚	✓	✓	✓	✓	拾遺	
新世說	王晫			✓			
新世說	易宗夔				✓		
笑倒	陳皋謨		✓			拾遺	
笑得好	石成金		✓			拾遺	
笑笑錄	獨逸窩退士		✓				
笑林廣記	遊戲主人編		✓		✓		另有同名小說爲程世爵所作。侯史引書未及作者。
象記	林璐	✓	✓				
嘯翁傳	陳鼎		✓				
薛衣道人傳	陳鼎		✓				
孝犬傳	陳鼎		✓				
孝丐傳	王晫		✓				
徐夫人受封記	袁枚		✓				
玉劍尊聞	梁維樞		✓	✓	✓	清志	
虞初新志	張潮	✓	✓	✓		清志	
虞初續志	鄭澍若		✓			清志	
閱微草堂筆記	紀昀	✓	✓	✓	✓	清志	
右臺仙館筆記	俞樾	✓	✓	✓	✓	清志	
蚓庵瑣語	李王逋	✓				拾遺	
印雪軒隨筆	余鴻漸	✓		✓	✓	拾遺	

夜譚隨錄	和邦額	✓	✓	✓	✓	拾遺	張浚未提及作者，《拾遺》題霽園主人閒齋氏撰，實為和邦額。「霽園主人」為其號，字閒齋。侯史將「閒齋氏」之「閒」字作「闐」（內外結構）。
螢窗異草初編、二編、三編	慶蘭	✓	✓	✓	✓	拾遺	魯迅《小說史略》引書中述及《四編》，此乃古書估偽造。寧稼雨則題作者為尹慶蘭。
夜雨秋燈錄初集、續集、三集	宣鼎	✓	✓	✓	✓	拾遺	張史、吳引《夜錄》及《續錄》各8卷；侯稿引《夜錄》《續錄》，《小說史略》則引《夜錄》16卷，唯《拾遺》著錄3集共12卷。
燕蘭小譜、海鷗小譜	安樂山樵	✓					
翼駉稗編	湯用中	✓	✓		✓	補編子部小說類章回演義之屬	
筠郎偶筆	宋犖		✓				
圓圓傳	陸次雲		✓	✓			
影談	管世灝	✓	✓	✓	✓		
蟫史【新野叟曝言】	屠紳【署「磊砢山房原本」】	✓			✓	補編子部小說類章回演義之屬	魯迅引金武祥《栗香隨筆》卷2云是屠紳所作。《中國通俗小說書目》歸入「靈怪類」其體例為文言史書和章回小說體式而成。小說典、《寧氏目》歸入文言類。詹頌《乾嘉文言小說研究》亦引及此書。

燕山外史	陳球	✓			✓	補編子部小說類章回演義之屬	《小說典》《寧氏目》歸入文言類。詹頌《乾嘉文言小說研究》亦引及此書。
玉翠翹傳	余懷		✓				
義猴傳	宋曹	✓	✓				
義牛傳	陳鼎	✓	✓				
乙邦才傳	汪琬		✓				
閹典史傳	邵長蘅		✓				
義虎傳	佚名		✓				
義貓記	佚名		✓				
啞道人傳	佚名		✓				
義中傳	陳鼎		✓				
醉茶志怪	李慶辰		✓			補編	
增訂一席話新集	咄咄夫原本，嗤嗤子增訂		✓			拾遺	
再來詩讖記	沙張白	✓	✓				
總計		85	133	45	35	25	

注：小說書名加粗者，表示四種小說史及「三志」中的一部皆著錄該小說。

　　表十四顯示了侯忠義的《中國文言小說史稿》引了 133 種清代文言小說，張浚的《清代小說史》則引了 85 種清代文言小說，而吳志達的《中國文言小說史》引了 45 種清代文言小說，魯迅的《小說史略》則引了 35 種文言小說。以上相關文言小說史除去重複者，共引了 180 種清代文言小說。而這 180 種清代文言小說中，能見於「三志」著錄的，唯有 25 種。換言之，「三志」著錄的 574 部文言小說中，只有 25 部被小說史採用，其餘 549 部都不見載錄於上述小說史中。而上述小說史的 180 部引書中，則有 155 部小說不見著錄於「三志」中。這也意味著，兩者之間，尚存在著可供互補著錄、引用的空間。

　　由上表所示，共有 18 部小說在四種小說史中皆被引用，即《遯窟讕言》《漢世說》《今世說》《聊齋誌異》《明語林》《女世說》《淞濱瑣話》《淞隱漫錄》《諧鐸》《昔柳摭談》《新齊諧》《續新齊諧》《閱微草堂筆記》《右臺仙館筆記》《夜譚隨錄》《螢窗異草初編》《二編》《三編》《夜雨秋燈錄》《續錄》

《影談》。除了《淞隱漫錄》及《影壇》這兩部小說，其餘 16 部也被「三志」著錄。《漢世說》《今世說》《明語林》及《女世說》可以說是世說體的名篇。《聊齋誌異》及《閱微草堂筆記》，也成爲了後世競相仿傚的經典著作。前者的仿傚作品中，以《新齊諧》《續新齊諧》《諧鐸》《夜譚隨錄》《夜雨秋燈錄》及《淞隱漫錄》爲代表；而文體仿傚《閱微草堂筆記》，成就較大的當屬俞樾的《右臺仙館筆記》。〔註 4〕上述這些小說都是清代文言小說史上較常被引用來書寫小說史的文獻。

中國古典小說創作至清代之時已至鼎盛之境，不管是編纂小說目錄，還是撰寫小說史，都不可能將這一時期的作品網羅殆盡。所以，分析作家作品於文言小說史及「三志」的上榜次數，或許可以讓我們瞭解到哪些小說家及小說作品最受文學史作者及目錄學家的重視。侯忠義在撰寫《中國文言小說史稿》清代部分時候，引用最多的是陳鼎的小說著述，共 16 種；其次是袁枚的著述，共 6 種；再其次是陸次雲的文言小說著述，共引了 5 種。而王韜與王晫的作品，各引了 3 種。至於張浚的《清代小說史》中述及的文言小說，也同樣引錄了最多陳鼎的著述，多達 6 種；其次是王韜的 4 種及徐芳的 3 種。而吳志達的《中國文言小說史》的清代部分的引書，則以汪琬的著作居冠，共 4 種；其次是王韜及俞樾的小說著作各 3 種。至於《小說史略》的引書，王韜、俞樾、袁枚及屠紳的著述各占 2 種。上述文言小說史的選擇與「三志」子部小說作家作品的收錄抉擇趨向看似不同，但也不全然如此。如受侯忠義及張浚青睞的文言小說家陳鼎，在「三志」著錄的 574 部作品中，沒有一部是陳鼎的著述，實則《清志》收錄了《虞初新志》，而《虞初新志》又輯錄了陳鼎的 13 部小說作品，但與侯忠義著錄的陳鼎的 16 部作品相較而言，仍有脫漏。然而，矛盾的是《清志》也同樣著錄了《虞初新志》輯錄的《皇華紀聞》與《板橋雜記》。想來《清志》在這點上並沒有一個統一的安排。

侯稿徵引清代小說數量在上述四種小說史中爲最多，而它所引之書與「三志」著錄的子部小說齟齬不合的程度也最大。侯忠義共引了陸次雲的 5種小說，而「三志」只著錄了 1 部陸次雲的小說。而袁枚雖然有 5 種小說被侯忠義引錄，但考察「三志」的著錄，卻只見他的 3 部小說入榜。至於在張浚、吳志達及魯迅所撰寫的文言小說史中被引次數最多的小說家，大致與「三志」的作家作品著錄趨向相近。在「三志」中，撇開輯佚前人作品的小說家

〔註 4〕吳志達：《中國文言小說史》，濟南：齊魯書社，2005 年，第 793 頁。

不談，王晫高居榜首，共有 9 部作品入榜，其次是王韜的 7 部及張潮的 6 部作品。王韜與王晫的小說作品，基本上都得到上述小說史作者的關注，唯獨張潮似乎備受小說史作者的冷落。侯忠義、張浚及吳志達三人的小說史皆只引其 1 部書，即《虞初新志》，而其餘著作如《補花底拾遺》《花鳥春秋》《酒律》《書本草》及《貧卦》卻被排除在外。《小說史略》並未引用張潮的任何一部作品。這也從另一個側面進一步說明了文言小說史的作者在選擇引用撰述一家之言時，儘量與作家的經典名篇，即膾炙人口，流傳行較廣的作品靠攏。不僅如此，上述四種小說史及「三志」之間，在小說分類上也存在不同的標準，具體情況如下表所示：

表十五：四種小說史及「三志」對圖書歸類的異同表

小　說	作　者	張史	侯稿	吳史	小說史略	三　志
池上草堂筆記	梁恭辰		✓	✕	✕	清志
客窗偶筆	金捧閶		✓		✕	補編
里乘	許奉恩	✓		✕	✕	拾遺
翼駉稗編	湯用中	✓	✓		✓	補編子部小說類章回演義之屬

注：「✓」表示作者將該文獻列入文言小說之屬。「✕」表示作者認爲該書非文言小說之林。空白格表示文學史作者未引用該書。

魯迅及吳志達兩人都認爲不應該把《池上草堂筆記》及《里乘》列入文言小說之林。不僅如此，金捧閶的《客窗偶筆》也被魯迅剔除在小說之外。魯迅的理由是這三部著作「亦記異事，貌如志怪者流，而盛陳禍福，專主勸懲」，故不足以稱爲小說。吳志達的理據則是這兩部小說貌似《閱微草堂筆記》，而遜於文情，說教味重，殆同《太上感應篇》，不適合歸納在小說類。〔註5〕魯迅及張浚將上述幾部作品剔除在小說家之外，顯然著眼於同一點，即「說教味重」及「主勸懲」。由此可見，二人的小說觀念受到了西方小說觀念的影響。本文在第一章述及歷代小說觀念的演變與發展，第四章論及清代小說的普遍觀念時，已經提過清代小說的特點，除了故事性、虛構性，還在於其具有「寓勸誡，廣見聞，資考證」的特點。這雖然是紀昀的小說標準，卻也影響了有清一代的小說創作觀念及小說發展。《翼駉稗編》是一部以清

〔註5〕吳志達：《中國文言小說史》，濟南：齊魯書社，2005 年，第 798 頁。

人事蹟爲主的文言小說體式撰寫的小說集，《補編》歸入子部小說章回演義之屬，大概因其書中所記多可與前後人小說戲曲相出入。舉例言之，書中故事如卷四「姦殺」「詐幻」二條記山陰陶某冤死事，與馮夢龍的《警世通言‧三現身包龍圖斷冤》中的敘述極爲相似，或被改編爲戲曲。〔註6〕這大概是《補編》將之歸入小說演義之屬的緣故。然而，不論其中所述內容是否多被加工、改編成演義小說，就其本質而言，仍是以文言體創作的作品，歸入子部小說類筆記之屬更爲恰當。

　　由是觀之，傳統史志目錄的子部小說與清代文言小說史作者，在引用、選錄小說的標準及取向上，有著巨大的鴻溝。被目錄學家重視、著錄的小說作品未必能得到文言小說史作者的同等關注。而那些在後世文言小說史寫作中被摒除在外的小說家及小說作品，如果不透過小說目錄學的研究與挖掘，是否將會漸漸淡出讀者的視野，彷彿它們從來沒有存在過呢？畢竟，文學史著作是讀者認識某一文學體裁發展的一個有力窗口。而且，確知兩者之間尚存在可供互補、比勘的空間，這對日後的「三志」子部文言小說著錄的拾遺補缺及清代文言小說史的寫作來說，不是創建了更有利的條件嗎？那麼，有可能打破兩者之間的鴻溝，重新撰寫一部更符合清代文言小說發展全貌的文言小說史嗎？

第三節　重寫清代文言小說史的思考

　　魯迅《中國小說史略》全書內容共 28 篇，其中以撰寫清代小說部分的篇幅爲最多，共有 7 篇。魯迅以小說的種類爲基礎，各別論述每種類型的小說的歷史發展及演變。根據魯迅的認識，清代小說可以分爲以下幾類，如擬晉唐小說及其支流、諷刺小說、人情小說、以小說見才學者、狹邪小說、俠義小說及公案、譴責小說。魯迅 1924 年 7 月在西安講學時的記錄稿，即《中國小說的歷史的變遷》已把清代的小說種類及變化，歸納成四派，即擬古派、諷刺派、人情派及俠義派。後來的劃分則更細緻了，增加了以小說見才學者及狹邪小說兩種類型。在《清之擬晉唐小說及其支流》這篇中，以講述《聊齋誌異》及《閱微草堂筆記》爲主線，並述其支流及仿傚者，但僅作簡單的介紹。「清之諷刺小說」及「清之人情小說」惟講述通俗小說作品，不涉及

〔註6〕寧稼雨：《中國文言小說總目提要》，濟南：齊魯書社，1996 年，第 393 頁。

文言小說。而「清之以小說見才學者」則是講述才學小說，意思是這些小說的撰寫主要反映了作者的才學。如不用小說寓勸誡，而以小說展示自己的學問文章功底的，則有《野叟曝言》；又如屠紳的《蟫史》反映了他文章中的才藻之美；陳球的《燕山外史》則突現了其以排偶之文撰寫小說的能力等。上述幾部小說，《補編》歸入子部小說類章回演義之屬，而《小說典》、詹頌的《乾嘉文言小說研究》及《寧氏目》皆列入文言小說類。《小說史略》雖引及此書，但並未論及它們屬於文言小說或通俗小說。在「清之狹邪小說」這篇中更重視撰寫通俗小說的名篇代表，文言小說方面只是約略提及《板橋雜記》。最後兩篇的「清之俠義小說及公案」及「清末之譴責小說」，談的都是通俗小說的作品。可以說，魯迅的清代小說史觀是以通俗小說的發展作為清代小說發展的主軸的。

張浚的《清代小說史》作為一部斷代小說史，將清代小說的發展分為四個時期，即明清之際、清代前期、中期及後期，共分為八章撰述。從張浚撰寫的清代小說史的內容來看，可以發現作者對文言小說及通俗小說的發展是同樣重視的，並無厚此薄彼的現象。在每一時期的小說發展下，首先分析當時的社會概況對小說產生的影響，接著分析、講述每種類型的小說在當時的發展面貌，比如清代前期是神怪小說的低谷、才情小說的盛行、話本小說的衰落及文言小說的創作高峰時期等，以此貫穿各種體裁的小說在同一個時期的發展全貌，並將這些聯繫起清代前期小說的線索按節處理。並且，在每一個時期選擇性地重點介紹一部或兩部經典作品。如在處理完第二章的「清代前期小說」以後，下一章則重點介紹「蒲松齡和《聊齋誌異》」。緊接著，才進一步講述清代中期小說的發展全貌。如此，讀者既能夠清晰地認識到每一個時期的文言小說及通俗小說的發展全貌，又能深入認識到屬於那個時期的經典作品。這樣的處理，顯然是較為客觀、全面的。

吳志達的《中國文言小說史》作為小說文體的通史，除《緒論》部分，內容共分為四編，即先秦至南北朝、隋唐五代、宋金元及明清四編。關於清代文言小說史的部分，吳志達主要用三個高峰來概括清代文言小說的總體發展。第一個高峰以蒲松齡的《聊齋誌異》為代表；第二個高峰以《聊齋誌異》的仿傚者為代表，逐一介紹袁枚的《子不語》、沈起鳳的《諧鐸》、和邦額的《夜譚隨錄》、長白浩歌子的《螢窗異草》、宣鼎的《夜雨秋燈錄》及王韜的《淞隱漫錄》；第三個高峰以《閱微草堂筆記》為代表，將紀昀的創作視為

六朝筆法的復歸，貫通古今小說筆法的演變，並介紹了《閱微草堂筆記》對後世文言小說家的創作影響。此外，還對「世說體」的復起及王晫的《今世說》作重點分析。吳志達的《中國文言小說史》的創新之處在於，他考慮到清代傳記性文言小說的蓬勃發展，例如清人張潮編纂的文言小說選集《虞初新志》中就有不少篇目屬於傳記性文言小說，故特為之撰寫一章，講述清初傳記性文言小說及沈復的《浮生六記》在清初以後的發展及其他的作品。吳志達的解釋是清代作家撰寫的人物傳記雖然很多，但思想內容與藝術特色足以稱道，且可以作為文言小說來讀的卻不多。如晚清徐鼒《小腆紀傳》中的某些傳記，雖然有較高的史料價值，但卻在文言小說的格調、韻致與風采方面稍遜一等。所以雖然有掛一漏萬之嫌，但也無法求全，只能割愛。可見，吳志達的《中國文言小說史》中關於清代文言小說部分，可以說是一段暢談經典文言小說作品的文言小說史。其小說史觀的發展軌跡，也是由一部又一部的經典作品構成的。因此，讀者很快能夠從他的寫作中找到清代文言小說史的發展軌跡的亮點，即《聊齋誌異》、《閱微草堂筆記》，上述兩部小說的仿傚者、「世說體」的代表《今世說》及傳記性文言小說及其代表《浮生六記》。

　　侯忠義的《中國文言小說史稿》分為上下兩冊，上冊論述漢代至唐五代的文言小說發展的歷史，下冊論述了宋元至清代的文言小說發展。侯忠義撰寫的小說史，作為一部文言小說文體的通史，著重探討規律性的問題，也具有對個別流派作品的針對性探討。不難發現，侯忠義是以文言小說流派作為切入點，分析論述它們的發展的。侯忠義按傳奇小說、志怪小說及軼事小說3種流派分類，針對每一流派在當時的概況、內容及其思想藝術與影響進行深入地剖析與論述。在闡述清代傳奇小說的發展時，作者以張潮的《虞初新志》作為清初的代表作，又以《聊齋誌異》及其仿作作為清中後葉的代表作，作為梳理清代傳奇小說發展的脈絡。緊接著，侯忠義進一步論述清代的志怪小說，這是由於當時的志怪作品，如鈕琇的《觚剩》、陸圻的《冥報錄》等，不再承襲六朝的「紀實」之風，而是借怪異的敘述表達寓意，描寫鋪張，體近傳奇。志怪受傳奇小說影響，形成了清代志怪小說特有的風格。而銜接起清代志怪小說發展脈絡的關鍵就在於記怪類、神仙類及博物類的小說作品。與傳奇小說、志怪小說同步發展的軼事小說，也創造了繁榮的局面。侯忠義將軼事類的作品按不同主題處理，即軼事類、瑣言類及笑話類，分別具體論

述。侯忠義的《中國文言小說史稿》具有鮮明的特色,即引書特別得多。在清代文言小說部分,共引了 133 部小說作品,引書數量居上述四部小說史之冠。這很可能是因為侯忠義與袁行霈曾經一起編寫《中國文言小說書目》(1981年中華書局版),目錄學為學問之門徑,文言小說專科目錄無疑亦是通往文言小說世界的康莊大道。具有編寫、使用文言小說書目經驗的侯忠義,在編寫中國文言小說史方面,自然是事半功倍,視野更加開闊,思考亦更全面。

雖然前賢所著小說史精彩且有份量,但當下文言小說史有沒有重寫的必要呢?本文作為對「三志」子部文言小說的研究,擬就清代文言小說史,作為研究個案,嘗試思考這一問題。雖然,本文學問根底淺薄,也尚無能力撰寫一部清代文言小說史,但作為文言小說研究的一分子,這是一個無法迴避的問題。目前尚無一部斷代的文言小說史面世,清代作為小說創作及發展的輝煌時期,自然更有其撰寫這一時代小說史的必要。

下面本文就撰寫清代文言小說史提出框架設想。全書擬分成八章論述:

第一章為緒論。要解決的問題如下:(一) 現有的文言小說史中的清代部分怎麼寫?寫得如何?(二)為什麼要撰寫清代文言小說史?該怎麼寫?(三)清代文言小說有哪幾種流派?該怎麼認識「筆記小說」?(四)「三志」與清代官私書目的清代文言小說著錄情況。(五)「小說」觀念與定義的重新認識。這一章主要還是綜合性的論述,探討清代文言小說史重寫的可能性與解決一些繁冗、蕪雜或者說概念不清晰的問題。舊有的小說史寫作,對史志目錄的使用並不足夠,除了在撰寫漢代的小說發展史述及《漢志》,其他朝代的小說發展並未能結合史志目錄中的子部小說著錄。要認識一種文體在某一時代的發展歷史,就要盡可能掌握那個時代關於那個文體的全部創作,即深入到文本細讀,而目錄學具有揭示讀書門徑的功用,是幫助讀者掌握資料最好的門徑。全面掌握資料才擁有發言權,也只有全面掌握資料,才能打開閱讀的視野,做到客觀分析,不以偏概全,尤其文學史的寫作,更應該掌握完備的作品信息,在這一點上,史志目錄又是目錄學中最好的工具書。余嘉錫先生曾說:「蓋一代之興,必有訪書之詔,求書之使。天下之書既集,然後命官校讎,撰為目錄。修史者據為要刪,移寫入志,故最為完備,非藏書家之書目所可同年而語。」〔註7〕史志不僅著錄數量多且範圍廣,最為完備;能夠辨章學術、考鏡源流,在其發展過程中又能前修後續,拾遺補缺。「三志」就是最好

〔註7〕余嘉錫:《古書通例》,上海:上海古籍出版社,1985 年,第 1 頁。

的例子，前後相連，構成有清一代的史志目錄。上文提及「三志」著錄的 574
部文言小說中，只有 25 部被小說史採用，其餘 549 部都不見載錄於上述小說
史中。那麼，本文不禁要問，不被引用的 549 部文言小說在清代文言小說的
發展史上難道不重要了嗎？沒有意義嗎？或者說這 25 部作品足以概括未見
引用的 549 部作品？是否只有經典作品值得載入史籍？另外，本文也提到，
上述四種小說史引的 180 部清代文言小說作品中，有 155 部小說不見著錄於
「三志」中。當然，有部分著作已經見錄於「三志」所收錄的總集內。同樣
的，考察現有的小說史中的引書，又進一步促進了史志目錄日後的拾遺補缺
工作，甚至我們能追問：「爲什麼史志目錄不著錄這些作品呢？其他官私書目
是否著錄了呢？是不是這中間存在了什麼觀念的變化與差異？」基於此，本
文特別強調目錄學與文學史的聯繫。

　　第二、第三及第四章論述文言小說的新高峰及其仿作，分成上、中、下
三部分。這三章主要論述清代文言小說達到的幾個高峰，第一個高峰自然是
蒲松齡及其《聊齋誌異》，第二個高峰則是紀昀及其《閱微草堂筆記》。本文
設想在論述每一個經典之作時，介紹作者的生平、學術背景、小說的創作背
景，並且進行文本細讀，作純文學的研究，也盡可能挖掘小說家的小說觀念
及搜羅關於經典之作的古今具代表性的評價，以此深入到小說理論的範疇。
當然，作爲斷代的專門史，即文學史的寫作，應時刻謹記以文學爲本位，以
文學史爲主體。並且，作爲經典之作的《聊齋誌異》與《閱微草堂筆記》，
掀起了仿作的浪潮，它們以後存在的仿作，如何地繼承與改革創作，也是該
進一步琢磨、研究的。另外，這些所謂的經典是從什麼時候開始被推舉爲經
典之作呢？好比未被紀昀收錄在《總目》內的《聊齋誌異》的傳播與接受情
況是如何的呢？它是如何一步步走向眾人心目中成爲經典傳奇之作？

　　第四章探討的則是另一個高峰，即清代文言小說總集的興起。文言小說
總集有類編、彙編性的，如《宋人小說類編》《宋稗類鈔》；「世說體」的如《女
世說》《宋豔》等；「虞初體」的如《虞初新志》《虞初續志》等。這些總集是
如何興起的？又是如何推動文言小說的發展及小說觀念的進程的？秦川在
《中國古代文言小說總集研究》中的第九章的第二節就以「文言小說總集與
小說觀念的演變」爲主題，探討了編纂者署名的變化，體現了小說觀念的變
化等問題。〔註8〕

〔註 8〕秦川：《中國古代文言小說總集研究》，上海，上海古籍出版社，2006 年，第

　　關於第五章至第八章的設想則是從宏觀上把清代文言小說的發展劃分成四個階段，分別作四章論述：前清時期、康熙時期、乾嘉時期及晚清時期（道光年間以後），論述每一個時期的小說家及小說作品。這麼劃分的意圖是為了分析小說創作在不同時期的創作面貌以及每一個時期的政治政策、學風給小說家及其創作帶來的影響，試圖找出其中的規律。「三志」子部小說著錄的作家作品將會成為考察的對象，力求對每一個時期的社會概況、小說家的學術背景、小說家的身份作分析，探討身份與創作之間的關聯性有多大？此外，本文也設想歸納、分析那個時期的小說流派、小說創作題材等，尤其研究分析作家在文言小說創作上的藝術開拓與創新課題，如嘗試以排偶之文創作《燕山外史》的陳球，以戲曲傳奇手法引入《諧鐸》創作的沈起鳳及中國小說史上首部以文言撰寫成章回體式的長篇小說等。由於「三志」著錄小說數量多，範圍廣，要進行文本細讀並不容易，這還得仰賴「三志」子部文言小說的集解工作及小說序跋集，才能事半功倍。

　　本文對於撰寫清代文言小說史的設想在於試圖構建一個以文獻為基礎的文學史，將清代官私書目，尤其是「三志」的子部小說著錄及集解從古籍文獻的整理，提升到思想史的層面，以此還原古人的小說觀念，重新給「小說」賦予新的定義，嘗試從另一個角度撰寫清代文言小說史。此外，本文的小說史寫作觀也受肖鵬的《宋詞通史》及陳水雲的《清代前中期詞學思想研究》的啟發，有了全新的認識。若以「三志」子部小說研究作為清代文言小說史寫作的基礎，本文認為能給讀者構建一個全面的、客觀的小說發展史全貌是可行的。肖鵬在他的著作中提出的「全景呈現」的文學史觀。所謂的「全景呈現」，落實到作家的操作層面概括說來就是：作家的正面和負面都要論述，正面作家和負面作家都要關注，重要作家和普通作家都要顧及。〔註9〕換言之，在這樣的大前提下，自然不能以經典作品為主，而該在走向經典的過程。那些創造經典過程的對象及作品，也應該被考察、被關注。如果文言小說史的寫作只以重要的作品為主，讀者看到的其實不是整個清代、整個文壇的文言小說史全貌。久而久之，讀者恐怕以為清代文言小說的發展中，彷彿只有《聊齋誌異》《閱微草堂筆記》及其仿作等幾部重要的作品，絕無其他。那些存在過但被選擇性遺忘的文言小說作品將會永遠在後世讀者的記憶

　　209～224 頁。
〔註9〕王兆鵬：《文學史書寫新範式的誕生──肖鵬〈宋詞通史〉的學術轉型意義》，《紹興文理學院學報》(哲學社會科學版)，2012 年第 3 期，第 6 頁。

中退場而那些作品都標記著時代的印記，除了本身所具有的文學性、藝術性，其內容對於考察各種專門史或專門學科，如法律史、農業史、文化史、政治、經濟、生活文化等方面皆大有裨益，可作補史之用。

此外，葛兆光先生在其《思想史研究課堂講錄：視野、角度與方法》〔註10〕中提到的「思想史研究中的加法與減法」，也給本文帶來了深刻的啓發。一直以來，人們慣性地關注那些經典的、增加的，卻忽略了那些被歷史減去的內容。葛兆光提出的「減法」，一方面是指在歷史過程裏面，被理智和道德逐漸減省的風俗、觀念、知識等等；一方面是在歷史書寫裏面，漸漸消失在歷史記載裏面，不再被記錄的風俗、知識、思想和觀念，它們被歷史學家減去了。現有的文言小說史作家在撰寫文言小說的歷史時就減去了大量經典以外的作品。本文認爲，找回那些被減去的作品的最好方法，就是充分利用目錄學專著。「三志」的著錄讓我們知道，清代文言小說不只是上述小說史所引的數量。而「三志」之間的加法、減法，也是值得探究的問題。那些被「三志」增加的、減去的，都是我們在進行研究時可以努力的方向。本文認爲，葛兆光提出的「思想史研究的加法與減法」與肖鵬的「全景呈現」文學史觀，其實是相通的，並且也適用於文言小說史的研究及寫作。這也是爲什麼本文一方面要撰寫文言小說的新高峰，一方面將清代文言小說作品按四個時期歸納、分類，進行論述，其根本目的還是爲了把握文言小說在清代發展的眞實全貌。雖然，對於清代文言小說寫作的思考，尚停留在理論的層面，未知其操作性如何，然而，作爲文言小說史的研究者，總不能畏難不談。

小　結

本章以分析「三志」子部小說著錄之小說史研究意義爲主旨，力求探尋小說目錄的學術史意義。本文考訂「三志」著錄的子部小說，對那些不符合子部小說歸類的作品予以剔除，並且對「三志」子部小說脫漏的部分，也盡可能作出補充。這對後來的文言小說目錄的編纂及清代文言小說史的編寫，具有一定的價值及意義。當然，要追尋小說目錄的學術史意義，也不能脫離現有的小說史著作去研究。魯迅的《中國小說史略》、張浚的《清代小說史》、侯忠義的《中國文言小說史稿》及吳志達的《中國文言小說史》，無論是在

〔註10〕葛兆光：《思想史研究課堂講錄：視野、角度與方法》，北京：生活·讀書·新知三聯書店，2005 年，第 313～335 頁。

其編寫結構的安排上,還是在小說史中的文言小說書目徵引,都使我們對現有的小說史、小說作家及作品、古今文言小說專科目錄的使用價值等方面,有了更深刻的認識。在這個基礎上,本文一邊重新思考清代文言小說史的編寫,一邊思考小說目錄學在編寫小說史的過程中應具有的價值承擔,並嘗試構想其可能之大綱。由此認為學術界完全有可能,也有必要重新編寫文言小說史,又尤其是對小說創作發展達到鼎盛的清代而言。

結　論

　　從小說家類在子部所佔位次來看，「三志」的編纂者都把小說安排在子部中倒數第 3 的位置，在《清志》與《補編》中，介於類書與釋家、道家兩家之間，在《拾遺》則是介於類書與宗教、新學之間。「三志」共著錄 574 部小說，其中《拾遺》補錄 459 部。可以說，以網羅有清一代著述，拾遺補缺為目標的《拾遺》，並沒有因為小說家在子部中地位較輕而忽略了對小說家類著述的採集、徵引及補錄。由本文第一章「歷代史志目錄子部小說著錄之沿革」的研究結果顯示，《清志》的突破在於把原來被《總目》摒棄在小說家之外的傳奇作品，重新歸入小說家，並收錄了清人輯佚前人的小說作品。在體例上，《清志》遵循了《明志》記一代著述之精華的體例；在學術觀念上，「三志」的著錄則體現了由清人至今人，較為嚴格的史部觀念，將那些存在虛構的作品，統統列入小說家，「三志」的小說著錄沿革，體現了「小說」的近現代轉化，記載了「小說」是如何逐步向近現代小說觀念靠攏的歷史軌跡，以至於出現「虛構」成了小說的主體特徵的觀念。

　　在「三志」的編纂方面，學界一直以來都在討論《清志》的主稿者問題。從吳士鑒及章鈺與繆荃孫通信的書札文獻來看，章鈺為《清志》主要編纂者，基本可成定論。《清志》一經問世，為人詬病之處相對其為人所肯定之處更多。其最為人所指謫的在於脫漏問題。可以說《拾遺》的出版，引起或帶動了學者對《清志》研究的積極性。學術界自此有人倡議，將「三志」合為一書。就「三志」的小說著錄而言，「三志」在體例上也都歷經沿革與發展。《清志》之時，唯著錄文言小說，至《補編》考慮到通俗小說在清代的蓬勃發展與創作產量豐盛，將章回演義類的小說一併歸入子部。《拾遺》肯定了《補編》的

沿革，收錄通俗小說，但考慮到歷代史志目錄子部小說素來只著錄文言小說的傳統，在尊重傳統與還原清代小說實際發展全貌的大前提下，作出了新的改革，在集部增設小說類，收錄清代的通俗小說與翻譯小說，又在集部的文評類增設三級目錄，即小說評，收錄清代實有存在的小說評論著述，體現了有清一代的文言及白話小說的實際發展全貌。而「三志」的子部小說著錄，也呈現了史志目錄中有清一代文言小說的著錄全貌與小說觀念。《拾遺》在每書之下兼記版本與出處，也給後世欲編目錄者樹立了良好的榜樣。史志目錄的功能也由是獲得了進一步的提升，達到新的層次。

「三志」子部小說著錄的差異最鮮明地體現在著錄數量上。這是對於「三志」的內部研究。本文的研究結果顯示，「三志」之間著錄數量呈現巨大差異的現象，與其成書年代社會的穩定性、著錄來源的多寡及編纂者的編纂態度與收書標準都是息息相關的。未來編纂目錄或有意為前志拾遺補缺者，不得不注意這幾個問題。若國家承太平之勢，又得國家的基金支持，人力、財力資源充足，採書就能大規模地進行。採書期間，必須注意摒棄個人偏好，無論對於哪一部哪一類力求搜羅殆盡，無論存佚皆收錄，這無疑是目錄學上的一大喜事，其引起的研究影響力及學術意義，不可小覷。

當然，要徹底摸清「三志」的子部小說的著錄情況，不可能只作內部的分析，唯有認識差異，進行比較，才能使我們更進一步揭示「三志」的真實面貌。要探清二十五史中的《清史稿》的《藝文志》的本質，就得一併瞭解清代其他官私書目的著錄情況。本文將《清志》與《總目》及清代八家私家藏書目錄進行比較論述，發現《清志》對於《總目》這一有利資源，並沒有善加利用，對《總目》退置到《存目》的作品，未有清晰的價值辨認，忽略了對《存目》文獻的徵引。就優點而言，《清志》收錄了《總目》摒棄的傳奇小說，肯定了傳奇小說的價值與地位。本文考察八家清代私家藏書目錄，發現《清志》對《八千目》的徵引是最多的，且和《鄭堂記》與《傳本書目》的著錄分類與學術觀念是最為相近的，而和《孫氏目》與《文瑞目》的著錄差異又是最大的。由此，本文發現，《孫氏目》與《文瑞目》的小說著錄觀念，即便放在清代的官私書目中來考察，其分類亦多不合同時人的標準。

最後，本文對「三志」子部小說著錄及其小說史研究意義進行考察，發現現有的文言小說史在編寫中，並沒有善加利用「三志」的小說著錄。目錄學著作與小說史寫作之間存在較大程度的疏離。由此，本文思考未來的文言

小說史寫作是否能打破二者之間的鴻溝，善加利用「三志」的小說著錄，重新撰寫一部清代文言小說史的可能性。雖然本文在文中嘗試思考、編排清代文言小說寫作的大綱，但本文深知自身識見淺薄、學力有限，所提出的方案也許不過是紙上談兵，或許略覺可笑，但仍然希望借由本文對這個問題的提出，引起學界的關注與討論，為未來撰寫斷代文言小說史起到哪怕是一丁點的反面的卻積極的作用。

參考文獻

（凡例：子部書歷來徘徊在子史之間，本文首先按照「三志」著錄標準分類列入史部或子部。古籍部分按成書先後排列，今人編著部分則按出版時間先後排列。）

壹、專 著

一、古 籍

（一）經 部

1. 《十三經注疏》，〔清〕阮元校刻，北京：中華書局影印清嘉慶刊本，2009年。

2. 《通俗編》，〔清〕翟灝撰，《叢書集成初編》本，上海：商務印書館，1937年。

（二）史 部

【正史類】

1. 《漢書》，〔漢〕班固撰，〔唐〕顏師古注，北京：中華書局，1962年。

2. 《後漢書》，〔南朝宋〕范曄撰，〔唐〕李賢等注，北京：中華書局，1965年。

3. 《隋書》，〔唐〕魏徵等撰，北京：中華書局，1973年。

4. 《舊唐書》，〔後晉〕劉昫等撰，北京：中華書局，1975年。

5. 《新唐書》，〔宋〕歐陽修撰，宋祁撰，北京：中華書局，1975年。

6. 《宋史》，〔元〕脫脫等撰，北京：中華書局，1977年。

7. 《明史》，〔清〕張廷玉等撰，北京：中華書局，1974年。

8. 《清史稿》，〔清〕趙爾巽等撰，北京：中華書局，1982年。

【別史類】

1. 《通志》，〔宋〕鄭樵撰，北京：中華書局，1990 年。

【政書類】

1. 《文獻通考》，〔元〕馬端臨撰，上海：華東師範大學出版社，1985 年。

2. 《制義科瑣記》，〔清〕李調元輯，北京：中華書局，1985 年。

【目錄類】

1. 《崇文總目敘釋》〔宋〕歐陽修著，李逸安點校，《歐陽修全集》，北京：中華書局，2001 年。

2. 《郡齋讀書志》，〔宋〕晁公武撰，孫猛校正，上海：上海古籍出版社，1990 年。

3. 《絳雲樓書目》，〔清〕錢謙益撰，陳景雲注，《影印粵雅堂叢書》本，臺北：新文豐出版公司，1985 年。

4. 《讀書敏求記》，〔清〕錢曾撰，《影印海山仙館叢書》本，北京：書目文獻出版社，1984 年。

5. 《也是園藏書目》，〔清〕錢曾撰，《叢書集成續編》本，王德毅主編，臺灣：新文豐出版公司，1989 年。

6. 《千頃堂書目》，〔清〕黃虞稷撰，瞿鳳起、潘景鄭整理，上海：上海古籍出版社，2001 年。

7. 《宋史藝文志補》，〔清〕黃虞稷、倪燦撰，盧文弨校正，《二十五史補編》本，北京：中華書局，1956 年。

8. 《傳是樓書目》，〔清〕徐乾學撰，《續修四庫全書》本，上海：上海古籍出版社，1995 年。

9. 《漁洋讀書記》，〔清〕王士禎撰，王紹曾、杜澤遜輯，青島：青島出版社，1991 年。

10. 《天祿琳琅書目》，〔清〕于敏中撰，上海：上海古籍出版社，2007 年。

11. 《四庫全書簡明目錄》，〔清〕永瑢等撰，上海：上海古籍出版社，1985。

12. 《四庫全書總目》，〔清〕永瑢等撰，北京：中華書局，1965 年。

13. 《補續漢書藝文志》，〔清〕錢大昭撰，《二十五史補編》本，北京：中華書局，1955 年。

14. 《孫氏祠堂書目》，〔清〕孫星衍撰，《影印岱南閣叢書》本，臺北：新文豐出版公司，1985 年。

15. 《四庫未收書目提要》，〔清〕阮元撰，上海：商務印書館，1935 年。

16. 《文選樓藏書記》，〔清〕阮元撰，王愛亭、趙嫄點校，《中國歷代書目題跋叢書》，上海：上海古籍出版社，2009 年。

17. 《士禮居藏書題跋記》，〔清〕黃丕烈撰，北京：書目文獻出版社，1989年。

18. 《鳴野山房書目》，〔清〕沈復粲撰，北京：古典文學出版社，1958年。

19. 《文瑞樓藏書目錄》，〔清〕金檀編撰，《影印讀畫齋叢書》本，臺北：新文豐出版公司，1985年。

20. 《鄭堂讀書記》，〔清〕周中孚撰，《續修四庫全書》本，0924冊，上海：上海古籍出版社，1996年。

21. 《拜經樓藏書題跋記》，〔清〕吳壽暘撰，上海：上海古籍出版社，2007年。

22. 《補五代史藝文志》，〔清〕顧懷三撰，《二十五史補編》本，北京：中華書局，1955年。

23. 《愛日精盧藏書志》，〔清〕張金吾撰，《續修四庫全書》本，上海：上海古籍出版社，1995年。

24. 《補三國藝文志》，〔清〕侯康撰，《二十五史補編》本，北京：中華書局，1955年。

25. 《鐵琴銅劍樓藏書目錄》，〔清〕瞿鏞撰，北京：中華書局，1990年。

26. 《舊山樓書目》，〔清〕趙宗建撰，北京：古典文學出版社，1957年。

27. 《越縵堂讀書記》，〔清〕李慈銘撰，由雲龍輯，北京：中華書局，1963年。

28. 《皕宋樓藏書志》，〔清〕陸心源撰，北京：中華書局，1990年。

29. 《隋書經籍志考證》，〔清〕姚振宗撰，《續修四庫全書》本，0915冊，上海：上海古籍出版社，1995年。

30. 《清代禁燬書目（補遺）》，〔清〕姚覲元編、鄧實補遺，上海：商務印書館，1957年。

31. 《藏園群書經眼錄》，〔清〕傅增湘撰，北京：中華書局，1983年。

32. 《藏園群書題記》，〔清〕傅增湘撰，上海：上海古籍出版社，1989年。

【地理類】

1. 《清波雜志校注》，〔宋〕周煇撰，劉永翔校注，北京：中華書局，1994年。

2. 《日下舊聞》，〔清〕朱彝尊編輯，〔清〕朱昆田補遺，（刻書地不詳：刻書者不詳），1688年。

3. 《清波小志》，〔清〕徐逢吉輯，《叢書集成初編》本，上海：商務印書館，1936年。

4. 《鄠署雜抄》，〔清〕汪為熹撰，《綸蝦堂刊本》，1719年。

5. 《蜀徼紀聞》，〔清〕王昶撰，《昭代叢書：10 集 500 種》，〔清〕張潮輯、〔清〕楊復吉增輯、〔清〕沈楙德補輯，《世楷堂》本，1876 年。

【史評類】

1. 《史通通釋》，〔唐〕劉知幾撰，〔清〕浦起龍釋，上海：上海古籍出版社，1978 年。

2. 《廿二史箚記校正》，〔清〕趙翼著，王樹民校正，北京：中華書局，1984 年。

3. 《十七史商榷》，〔清〕王鳴盛撰，上海：上海書店出版社，2005 年。

（三）子 部

1. 《說苑校證》，〔漢〕劉向撰，向宗魯校證，北京：中華書局，1987 年。

2. 《新書》，〔漢〕賈誼撰，〔清〕盧文弨校，《叢書集成初編》本，上海：商務印書館，1937 年。

3. 《江淮異人錄》，〔宋〕吳淑，《景印文淵閣四庫全書》本，臺灣：商務印書館，1983 年。

4. 《東齋記事》，〔宋〕范鎮撰，汝沛點校，北京：中華書局，1997 年。

5. 《高齋漫錄》，〔宋〕曾慥撰，《景印文淵閣四庫全書》本，臺灣：臺灣商務印書館，1983 年。

6. 《萍洲可談》，〔宋〕朱彧撰，《景印文淵閣四庫全書》本，臺灣：臺灣商務印書館，1983 年。

7. 《唐語林》，〔宋〕王讜撰，《唐宋史料筆記叢刊》本，北京：中華書局，1987 年。

8. 《步里客談》，〔宋〕陳長方撰，《叢書集成初編》本，北京：中華書局，1991 年。

9. 《張氏可書》，〔宋〕張知甫撰，《景印文淵閣四庫全書》本，臺灣：臺灣商務印書館，1983 年。

10. 《珍席放談》，〔宋〕高晦叟撰，《景印文淵閣四庫全書》本，臺北：商務印書館，1983 年。

11. 《東南紀聞》，〔元〕不著撰名人氏，《景印文淵閣四庫全書》本，臺灣：臺灣商務印書館，1983 年。

12. 《少室山房筆叢》，〔明〕胡應麟撰，上海：上海書店出版社，2001 年。

13. 《玉劍尊聞》，〔清〕梁維樞撰，上海：上海古籍出版社，1986。

14. 《梅花草堂集》，〔清〕張大復撰，《續修四庫全書》本，上海：上海古籍出版社，1995 年。

15. 《仁恕堂筆記》，〔清〕黎士宏撰，《昭代叢書：10 集 500 種》，〔清〕張潮

　　輯、〔清〕楊復吉增輯、〔清〕沈楙德補輯,《世楷堂》本,1876年。

16. 《三岡識略》,〔清〕董含撰,致之校點,瀋陽:遼寧教育出版社,2000年。

17. 《明語林》,〔清〕吳肅公撰,陸林校點,合肥:黃山書社,1999年。

18. 《玉堂薈記》,〔清〕楊士聰撰,《叢書集成初編》本,北京:中華書局,1985年。

19. 《今世說》,〔清〕王晫撰,陳大康譯注,上海:東方出版中心,1996年。

20. 《淞濱瑣話》,〔清〕王晫著,寇德江標點,《筆記小說精品叢書》,重慶:重慶出版社,2005年。

21. 《淞隱漫錄》,〔清〕王晫撰,《明清稀見小說坊》,北京:人民文學出版社,2006年。

22. 《遣愁集》,〔清〕張貴勝撰,《續修四庫全書》本,上海:上海古籍出版社,1995年。

23. 《山海經廣注》,〔清〕吳任臣撰,《景印文淵閣四庫全書》本,臺北:商務印書館,1983年。

24. 《影梅庵憶語》,〔清〕冒襄撰,《續修四庫全書》本,上海:上海古籍出版社,1995年。

25. 《蒿庵閒話》,〔清〕張爾岐撰,上海:商務印書館,1939年。

26. 《板橋雜記》,〔清〕余懷撰,李金堂注釋,《明清小品叢刊》,上海:上海古籍出版社,2000年。

27. 《客舍偶聞》,〔清〕彭孫貽撰,《續修四庫全書》本,1175冊,上海:上海古籍出版社1995年。

28. 《堅瓠集》,〔清〕褚人獲撰,杭州:浙江人民出版社,1986年。

29. 《觚賸》,〔清〕鈕琇撰,上海:上海古籍出版社,1986年。

30. 《拾擇餘聞》,〔清〕鈕琇撰,《續修四庫全書》本,上海:上海古籍出版社,1995年。

31. 《隴蜀餘聞》,〔清〕王士禎撰,《叢書集成初編》本,上海:商務印書館,1936年。

32. 《聊齋誌異》,〔清〕蒲松齡撰,《中國古典小說名著叢書》,上海:上海古籍出版社,2010年。

33. 《韻石齋筆談》,〔清〕姜紹書撰,《叢書集成初編》本,上海:商務印書館,1937年。

34. 《山海經存》,〔清〕汪紱撰,杭州:杭州古籍出版社,1984年。

35. 《西青散記》,〔清〕史震林撰,北京:北京市中國書店,1987年。

36. 《閱微草堂筆記》,〔清〕紀昀撰,上海:上海古籍出版社,1980年。

37. 《奩史》，〔清〕王初桐輯，《續修四庫全書》本，上海：上海古籍出版社，1995 年。

38. 《桃溪客語》，〔清〕吳騫撰，《續修四庫全書》本，1139 冊，上海：上海古籍出版社，1996 年。

39. 《藤陰雜記》，〔清〕戴璐撰，北京：北京古籍出版社，1982 年。

40. 《槐廳載筆》，〔清〕法式善撰，《續修四庫全書》本，1178 冊，上海：上海古籍出版社，2002 年。

41. 《山海經箋疏》，〔清〕郝懿行撰，成都：巴蜀書社，1985 年。

42. 《諧鐸》，〔清〕沈起鳳撰，陳果標點，《筆記小說精品叢書》，重慶：重慶出版社，2005 年。

43. 《虞初新志》，〔清〕張潮撰，北京：文學古籍刊行社出版，1954 年。

44. 《歸田瑣記》，〔清〕梁章鉅撰，于亦時點校，《清代史料筆記叢刊》，北京：中華書局，1981 年。

45. 《浪跡叢談續談三談》，〔清〕梁章鉅撰，陳鐵民點校，《歷代史料筆記叢刊》，北京：中華書局，1981 年。

46. 《梁氏筆記三種》，〔清〕梁章鉅撰，上海：掃葉山房，1926 年。

47. 《玉函山房輯佚書》，〔清〕馬國翰輯，長沙：嬭嬛館補校本，光緒癸未（1883 年。

48. 《小豆棚》，〔清〕曾衍東撰，《歷代筆記小說叢書》，濟南：齊魯出版社，2004 年。

49. 《蟫史》，〔清〕磊砢山人撰，張巨才校點，《明清稀見小說坊》，北京：人民文學出版社，2006 年。

50. 《虞初續志》，〔清〕鄭澍若輯，北京：北京市中國書店，1986 年。

51. 《指海》，〔清〕錢熙祚輯，上海：大東書局，1935 年。

52. 《兩般秋雨盦隨筆》，〔清〕梁紹壬撰，《明清筆記叢書》，上海：上海古籍出版社，1982 年。

53. 《埋憂集》，〔清〕朱翊清著，陳果標點，《筆記小說精品叢書》，重慶：重慶出版社，2005 年。

54. 《夢廠雜著》，〔清〕俞蛟撰，《明清筆記叢書》，上海：上海古籍出版社，1988 年。

55. 《庸閒齋筆記》，〔清〕陳其元撰，楊璐點校，《清代史料筆記叢刊》，北京：中華書局，1989 年。

56. 《右臺仙館筆記》，〔清〕俞樾撰，《歷代筆記小說叢書》，濟南：齊魯出版社，2004 年。

57. 《耳食錄》，〔清〕樂鈞撰，《歷代筆記小說叢書》，濟南：齊魯出版社，

2004 年。

58. 《醉茶志怪》，〔清〕李慶辰撰，《歷代筆記小說叢書》，濟南：齊魯出版社，2004 年。

59. 《夜雨秋燈錄》，〔清〕宣鼎撰，《歷代筆記小說叢書》，濟南：齊魯出版社，2004 年。

60. 《荀子集解》，〔清〕王先謙撰，沈嘯寰、王星賢點校，北京：中華書局，1988 年。

61. 《莊子集釋》，〔清〕郭慶藩撰，王孝魚點校，北京：中華書局，1961 年。

62. 《法言義疏》，〔清〕汪榮寶撰，陳仲夫點校，北京：中華書局，1987 年。

63. 《續廣博物志》，〔清〕徐壽基輯，《續修四庫全書》本，上海：上海古籍出版社，1995 年。

64. 《訂訛雜錄》，〔清〕胡鳴玉撰，《叢書集成初編》本，北京：中華書局，1985 年。

65. 《京塵雜錄》，〔清〕楊懋建撰，上海：〔出版社不詳〕，1886 年。

66. 《靜娛亭筆記》，〔清〕張培仁撰，《續修四庫全書》本，上海：上海古籍出版社，1995 年。

67. 《女聊齋誌異》，〔清〕古吳靚芬女史賈茗撰，《歷代筆記小說叢書》，濟南：齊魯出版社，2004 年。

（二）集　部

【總集類】

1. 《日本足利學校藏宋刊明州本六臣注文選》，〔梁〕蕭統選編，〔唐〕呂延濟等注，北京：人民文學出版社，2008 年。

【別集類】

1. 《于文襄手札》（影印本），〔清〕于敏中撰，北京：國立北平圖書館，1933 年。

【詩文評類】

1. 《增訂文心雕龍校注》，黃叔琳注，李祥補注，楊明照校注拾遺，北京：中華書局，2000 年。

二、近、今人編著

（一）目錄類

1. 孫殿起撰：《清代禁書知見錄》，上海：商務印書館，1957 年。

2. 孫殿起錄：《販書偶記續編》，上海：上海古籍出版社，1980 年。

3. 袁行霈、侯忠義：《中國文言小說書目》，北京：北京大學出版社，1981

年。

4. 程毅中：《古小說簡目》，北京：中華書局，1981 年。

5. 上海圖書館編：《中國叢書綜錄》，上海：上海古籍出版社，1982 年。

6. 孫殿起錄：《販書偶記》，上海：上海古籍出版社，1982 年。

7. 章鈺等編：《清史稿藝文志及補編》，北京：中華書局，1982 年。

8. 中國古籍善本書目編輯委員會編：《中國古籍善本書目》，上海：上海古籍出版社，1993 年。

9. 寧稼雨：《中國文言小說總目提要》，濟南：齊魯書社，1996 年。

10. 季羨林主編：《四庫全書存目叢書》，濟南：齊魯書社，1997 年。

11. 王紹曾主編：《清史稿藝文志拾遺》，北京：中華書局，2000 年。

12. 石昌渝：《中國古代小說總目》（文言卷），太原：山西教育出版社，2004 年。

13. 朱一玄、寧稼雨、陳桂聲編著：《中國古代小說總目提要》，北京：人民文學出版社，2005 年。

14. 林夕主編，煮雨山房輯：《中國著名藏書家書目彙刊‧近代卷》，北京：商書印書館，2005 年。

15. 杜澤遜撰：《四庫存目標注》，上海：上海古籍出版社，2007 年。

16. 顧廷龍編：《章氏四當齋藏書目》，北京：北京圖書館出版社，2007 年。

17. 李萬健、鄧詠秋編：《清代私家藏書目錄題跋叢刊》，北京：國家圖書館，2010 年。

18. 王承略、劉心明主編，《二十五史藝文經籍志考補萃編》，北京：清華大學出版社，2011 年。

（二）目錄學研究專著

1. 來新夏：《古典目錄學淺說》，北京：中華書局，1981 年。

2. 呂紹虞：《中國目錄學史稿》，合肥：安徽教育出版社，1984 年。

3. 申暢：《中國目錄學家傳略》，鄭州：中州古籍出版社，1987 年。

4. 來新夏：《古典目錄學》，北京：中華書局，1991 年。

5. 彭斐章等編：《目錄學研究資料彙編》，湖北：武漢大學出版社，1996 年。

6. 汪辟疆：《目錄學研究》，上海：華東師範大學出版社，2000 年。

7. 姚名達：《中國目錄學史》，上海：上海古籍出版社，2002 年。

8. 余嘉錫：《目錄學發微》，北京：中華書局，2007 年。

9. 嚴佐之編著：《近三百年古籍目錄舉要》，上海：華東師範大學出版社，2008 年。

10. 伍媛媛：《清代補史藝文志研究》，合肥：黃山書社，2012 年。

（三）小說、筆記研究著作

1. 吳志達：《唐人傳奇》，上海：上海古籍出版社，1981 年。
2. 王利器輯錄：《元明清三代禁燬小說戲曲史料》，上海：上海古籍出版社，1981 年。
3. 劉葉秋：《歷代筆記概述》，北京：中華書局，1980 年。
4. 魯迅：《古小說鉤沉》，北京：人民文學出版社，1981 年。
5. 顧廷龍校閱：《藝風堂友朋書札》，上海：上海古籍出版社，1981 年。
6. 王瑤：《小說與方術》，《中古文學史論集》，上海：上海古籍出版社，1982 年。
7. 〔英〕愛·摩·福斯特著，蘇炳文譯：《小說面面觀》，廣州：花城出版社，1984 年。
8. 侯忠義：《中國文言小說參考資料》，北京：北京大學出版社，1985 年。
9. 劉葉秋：《古典小說筆記論叢》，天津：南開大學出版社，1985 年。
10. 夏志清：《中國古典小說導論》，合肥：安徽文藝出版社，1988 年。
11. 黃清泉主編，曾祖蔭等輯錄：《中國歷代小說序跋輯錄》，武漢：華中師範大學出版社，1989 年。
12. 侯忠義、劉世林：《中國文言小說史稿》，北京：北京大學出版社，1990 年。
13. 孫楷第：《戲曲小說書錄解題》，北京：人民文學出版社，1990 年。
14. 朱一玄：《明清小說資料選編》，濟南：齊魯書社，1990 年。
15. 陳洪：《中國小說理論史》，合肥：安徽文藝出版社，1992 年。
16. 寧稼雨：《中國志人小說史》，瀋陽：遼寧教育出版社，1992 年。
17. 劉世德、程毅中、劉輝主編：《中國古代小說百科全書》，北京：中國大百科全書出版社，1993 年。
18. 陳文新：《中國文言小說流派研究》，湖北：武漢大學出版社，1993 年。
19. 王齊洲：《古典小說新探》，杭州：浙江古籍出版社，1993 年。
20. 石昌渝：《中國小說源流論》，北京：生活·讀書·新知三聯書店，1994 年。
21. 丁錫根編著：《中國歷代小說序跋集》，北京：人民文學出版社，1996 年。
22. 王恒展：《中國小說發展史概論》，濟南：山東教育出版社，1996 年。
23. 張俊：《清代小說史》，杭州：浙江古籍出版社，1997 年。
24. 歐陽建：《晚清小說史》，杭州：浙江古籍出版社，1997 年。

25. 薛洪勣：《傳奇小說史》，杭州：浙江古籍出版社，1998年。

26. 苗壯：《筆記小說史》，杭州：浙江古籍出版社，1998年。

27. 林辰：《神怪小說史》，杭州：浙江古籍出版社，1998年。

28. 王汝梅，張羽著：《中國小說理論史》，杭州：浙江古籍出版社，2001年。

29. 黃霖等著：《中國小說研究史》，杭州：浙江古籍出版社，2002年。

30. 蕭相愷主編：《中國文言小說家評傳》，鄭州：中州古籍出版社，2004年。

31. 張舜徽：《清人筆記條辨》，《張舜徽集》，武漢：華中師範大學，2004年。

32. 程毅中：《古代小說史料簡論》，太原：山西人民出版社，2005年。

33. 潘建國：《中國古代小說書目研究》，上海：上海古籍出版社，2005年。

34. 來新夏：《清人筆記隨錄》，北京：中華書局，2005年。

35. 吳志達：《中國文言小說史》，濟南：齊魯書社，2005年。

36. 程毅中：《中國古代小說的文獻研究》，《程毅中文存》，北京：中華書局，2006年。

37. 秦川：《中國古代文言小說總集研究》，上海：上海古籍出版社，2006年。

38. 〔日〕樽本照雄著，陳薇監譯：《清末小說研究集稿》，濟南：齊魯書社，2006年。

39. 潘建國：《古代小說文獻叢考》，北京：中華書局，2006年。

40. 陳文新：《文言小說審美發展史》，武漢：武漢大學出版社，2007年。

41. 齊裕焜主編：《中國古代小說演變史》，蘭州：敦煌文藝出版社，2008年。

42. 歐陽建：《中國小說史略批判》，太原：山西人民出版社，2008年。

43. 齊裕焜：《中國古代小說演變史》，蘭州：敦煌文藝出版社，2008年。

44. 詹頌：《乾嘉文言小說研究》，北京：國家圖書館出版社，2009年。

45. 羅寧：《漢唐小說觀念論稿》，成都：巴蜀書社，2009年。

46. 程毅中：《古體小說論要》，北京：華齡出版社，2009年。

47. 〔韓〕閔寬東：《中國古典小說在韓國的研究》，上海：學林出版社，2010年。

48. 魯迅：《中國小說史略》，《魯迅全集》，北京：人民文學出版社，2010年。

49. 梁愛民：《中國小說觀念的嬗變及其文化精神》，北京：中國社會科學出版社，2010年。

50. 賀根民：《中國小說觀念的近代化進程》，濟南：齊魯書社，2010年。

51. 王齊洲：《稗官與才人——中國古代小說考論》，長沙：嶽麓書社，2010年。

52. 張振國：《晚清民國志怪傳奇小說集研究》，南京：鳳凰出版社，2011年。

53. 魯迅著，張兵、聶付生疏識：《中國小說史略疏識》，上海：復旦大學出版社，2012 年。

（四）其　他

1. 李文治：《中國科學院經濟研究所・中國近代經濟史參考資料叢刊第三種・中國近代農業史資料・第 1 輯・1840～1911》，北京：生活・讀書・新知三聯書店，1957 年。

2. 中國史學會主編：《捻軍》，中國史學會主編：《中國近代史料叢刊》，上海：上海人民出版社，1957 年。

3. 中國戲曲研究院編：《中國古典戲曲論著集成》，北京：中國戲劇出版社，1959 年。

4. 張舜徽：《史學三書評議》，北京：中華書局，1983 年。

5. 周駿富輯：《清代傳記叢刊》，臺北：明文書局，1985 年。

6. 陳清泉等編：《中國史學家評傳》，鄭州：中州古籍出版社，1985 年。

7. 《中國科學院圖書情報工作三十五年》編委會編：《中國科學院圖書情報工作三十五年（1949～1983)》，上冊，北京：中國科學院出版圖書情報委員會、中國科學院圖書館，1985 年。

8. 余嘉錫：《古書通例》，上海：上海古籍出版社，1985 年。

9. 沈雲龍主編：《四當齋集》，臺北：文海出版社，1986 年。

10. 王國良、王秋桂：《中國圖書文獻學論集》，臺北：明文書局，1986 年。

11. 明文書局編：《中國史學史辭典》，臺北：明文書局，1986 年。

12. 陳雲君：《中國書法史論》，北京：人民日報出版社，1987 年。

13. 華東政法學院《簡明法制史詞典》編寫組編：《簡明法制史詞典》，鄭州：河南人民出版社，1988 年。

14. 雷夢辰：《清代各省禁書匯考》，北京：書目文獻出版社，1989 年。

15. 北京圖書館普通古籍組編：《北京圖書館普通古籍總目》，北京：書目文獻出版社，1990 年。

16. 中華書局編輯部輯：《文史第三十五輯》，北京：中華書局，1992 年。

17. 任松如：《四庫全書答問》，上海：上海書店，1992 年。

18. 趙傳仁、鮑延毅、葛增福主編：《中國古今書名釋義辭典》，濟南：山東友誼書社，1992 年。

19. 謝正光：《明遺民傳記資料索引》，上海：上海古籍出版社，1992 年。

20. 周積明：《紀昀評傳》，南京：南京大學出版社，1994 年。

21. 王燦熾：《燕都古籍考》，北京：京華出版社，1995。

22. 余嘉錫：《余嘉錫文史論集》，長沙：嶽麓書社，1997 年。

23. 王鍾翰主編：《四庫禁燬書叢刊》，北京：北京出版社，1997 年。

24. 安徽省地方志編纂委員會編：《安徽省志‧人物志》，北京：方志出版社，1999 年。

25. 四庫未收書輯刊編纂委員會編：《四庫未收書輯刊‧三輯》，北京：北京出版社，2000 年。

26. 〔日〕岡村繁譯注，俞慰剛譯：《歷代名畫記譯注》，《岡村繁全集‧第陸卷》，上海：上海古籍出版社，2002 年。

27. 張舜徽：《清人文集別錄》，《張舜徽集》，武漢：華中師範大學，2004 年。

28. 張伯元主編：《法律文獻整理與研究》，北京：北京大學出版社，2005 年。

29. 張舜徽：《愛晚廬隨筆》，《張舜徽集》，武漢：華中師範大學出版社，2005 年。

30. 趙海英：《圍棋》，王嫣嫣、趙富強、趙海英主編：《中國藝術百科全書》，長春：吉林文史出版社，2005 年。

31. 秋禾、少莉編：《舊時書坊》，北京：生活‧讀書‧新知三聯書店，2005 年。

32. 王欣夫：《文獻學講義》，上海：上海古籍出版社，2005 年。

33. 余嘉錫：《四庫提要辯證》，北京：中華書局，2007 年。

34. 李瑄：《明遺民群體心態與文學思想研究》，成都：巴蜀書社，2008 年。

35. 朱師轍：《清史述聞》，上海：上海書店出版社，2009 年。

36. 鄭振鐸：《鄭振鐸古典文學論文集》，上海：上海古籍出版社，2009 年。

37. 沈雨梧：《清代科學家》，北京：光明日報出版社，2010 年。

38. 喻春龍：《清代輯佚研究》，國家情史編纂委員會編：《研究叢刊》，上海：上海古籍出版社，2010 年。

39. 〔英〕霍布斯著，黎思復、黎廷弼譯，楊昌裕校：《利維坦》，北京：商務印書館，2012 年。

40. 〔美〕列奧‧施特勞斯著，劉鋒譯：《迫害與寫作藝術》，北京：華夏出版社，2012 年。

貳、學位論文

一、碩士學位論文

1. 王志國：《〈清史稿〉的編修情況及其史學價值》，山東大學，2008 年。

2. 周桂蓮：《〈清史稿‧藝文志‧兵家類〉及補順治至嘉慶間兵書考釋》，東北師範大學，2008 年。

3. 路子強：《〈清史稿藝文志〉與〈八千卷樓書目〉關係研究》，山東大學，

2009 年。

4. 安君：《論傳統目錄學的小說觀在史志目錄中的體現》，貴州師範大學，2011 年。

二、博士學位論文

1. 何悅玲：《中國古代小說中的「史傳」傳統及其歷史變遷》，陝西師範大學，2011 年。

參、期刊論文

1. 王多聞：《清人小說提要十二則》，《文獻》，1981 年第 2 期。

2. 謝俊貴：《清代目錄類型簡述》，《廣東圖書館學刊》，1982 年第 3 期。

3. 卞孝萱：《章鈺與〈胡刻通鑒正文校宋記〉》，《史學史研究》，1983 年第 2 期。

4. 王義耀：《從清代古籍目錄談起》，《廣東圖書館學刊》，1983 年第 3 期。

5. 周洪才、鍾淑娥：《略論史志目錄》，《山東圖書館季刊》，1988 年第 2 期。

6. 童慶松：《明清史家對「小說」的分類及其相關問題》，《浙江學刊》，1988 年第 4 期。

7. 寧稼雨：《文言小說界限與分類之我見》，《明清小說研究》，1988 年第 4 期。

8. 王紹曾：《〈清史稿藝文志〉易類拾遺》，《周易研究》，1989 年第 2 期。

9. 甘蘭經：《著名蘇州籍校勘家章鈺》，《江蘇圖書館學報》，1989 年第 2 期。

10. 蔣寅：《從目錄學看古代小說觀念的演變——兼談目錄學與文學的關係》，《廣西師範大學學報》（哲學社會科學版），1991 年第 1 期。

11. 謝蒼霖：《〈清史稿·藝文志〉誤植一例》，《文獻》，1994 年第 4 期。

12. 程毅中：《古代小說與古籍目錄學》，《傳統文化與現代化》，1995 年第 1 期。

13. 楊義：《中國古典小說的本體論和發生發展論》，《社會科學戰線》，1995 年第 4 期。

14. 林申清：《歷代目錄中的「小說家」和小說目錄》，《圖書與情報》，1997 年第 2 期。

15. 丁紅：《朱師轍的生平、著述及其他》，《文獻》，1999 年第 4 期。

16. 王桂蘭：《論魯迅運用目錄學方法對中國古典小說的研究》，《深圳大學學報》（人文社會科學報），2000 年第 3 期。

17. 苗懷明：《二十世紀中國古代小說史料的重大發現與整理》，《文獻》，2000 年第 4 期。

18. 丁紅：《朱師轍生平著述及其三代藏書》，《中國典籍與文化》，2000 年第 4 期。

19. 王幕東：《談古代書目中的小說著錄》，《圖書館雜誌》，2001 年第 2 期。

20. 喬好勤：《中國目錄學史上的盛事——讀王紹曾編〈清史稿藝文志拾遺〉》，《圖書館雜誌》，2002 年第 2 期。

21. 王餘光：《清以來史志書目補輯研究》，《圖書館學研究》，2002 年第 3 期。

22. 黃愛平：《拾遺補闕　嘉惠學林——〈清史稿藝文志拾遺〉讀後》，《清史研究》，2003 年第 2 期。

23. 王承略：《古典文獻學家王紹曾先生的學術成就和貢獻》，《文獻》，2003 年第 2 期。

24. 湯華泉：《〈清史稿藝文志拾遺〉的成就與不足》，《安徽大學學報》，2004 年第 2 期。

25. 王霞：《從中國古典目錄辨析中國古典小說的淵源與分類》，《古今書話》，2003 年第 5 期。

26. 石昌渝：《20 世紀以來的中國古代小說目錄學》，《社會科學管理與評論》，2004 年第 4 期。

27. 馮麗麗：《從古代目錄看傳統小說觀念的演變》，《廣西廣播電視大學學報》，2004 年第 4 期。

28. 湯華泉：《評〈清史稿藝文志拾遺〉》，《古籍整理出版情況簡報》，2004 年第 6 期。

29. 翁筱曼：《「小說」的目錄學定位——以〈四庫全書總目〉的小說觀為視點》，《華南師範大學學報》，2005 年第 3 期。

30. 陳衛星、王勇：《從〈漢志〉小說觀看史志小說家混雜面貌的歷史成因》，《上饒師範學院學報》，2005 年第 5 期。

31. 師婧昭：《我國小說目錄及小說概念的發展》，《中共鄭州市委黨校學報》，2005 年第 6 期。

32. 辛德勇：《清人著述的目錄與版本》，《中國圖書評論》，2005 年第 8 期。

33. 陳豔華、趙慶禹、陳瑩：《〈清史稿藝文志拾遺〉——有清一代著述目錄之總結》，《圖書情報工作》，2005 年增刊。

34. 劉湘蘭：《從古代目錄學看中國文言小說觀念的演變》，《江淮論壇》，2006 年第 1 期。

35. 喻春龍：《淺談〈清史稿藝文志拾遺〉的美中不足》，《古籍整理研究學刊》，2006 年第 2 期。

36. 陳麗媛：《論胡應麟的文言小說分類觀——兼及文言小說分類之發展流變》，《明清小說研究》，2006 年第 4 期。

37. 杜澤遜：《史志目錄的編纂方法及其面臨的困惑——以〈清人著述總目〉為例》,《圖書與情報》,2006 年第 6 期。

38. 韓春平：《〈四庫全書總目〉的小說觀及其原因探析》,《貴州文史叢刊》,2007 年第 1 期。

39. 張笑川：《張爾田與〈清史稿〉纂修》,《清史研究》,2007 年第 1 期。

40. 楊洪昇：《讀〈清史稿藝文志拾遺〉箚記》,《圖書館雜誌》,2007 第 3 期。

41. 王承略：《恩師王紹曾——王紹曾先生的生平與學術》,《山東圖書館季刊》,2007 年第 3 期。

42. 胡繼瓊：《論目錄學意義的古小說觀念的形成和發展》,《貴州社會科學》,2007 年第 11 期。

43. 蒲華軍：《〈隋書經籍志·子部·小說〉著錄考》,《康定民族師範高等專科學校學報》,2007 年第 6 期。

44. 程遠芬：《傳統索引編製的學術性及其在新時期的意義——〈清史稿藝文志拾遺索引〉編纂工作的回顧與思考》,《山東教育學院學報》,2008 年第 1 期。

45. 鄧建：《明代私家書目中小說類目的變遷與原因》,《圖書館學刊》,2008 年第 1 期。

46. 黃毅：《中國古代小說目錄學研究的視角與方法》,《復旦學報》（社會科學報）,2008 年第 2 期。

47. 王慶華：《「小說」與「雜家」》,《浙江學刊》,2008 年第 2 期。

48. 邵毅平、周峨：《論古典目錄學的「小說」概念的非文體性質——兼論古今兩種「小說」概念的本質區別》,《復旦學報》（社會科學版）,2008 年第 3 期。

49. 杜澤遜：《史志目錄編纂的回顧與前瞻——編纂〈清人著述總目〉的啟示》,《文史哲》,2008 年第 4 期。

50. 曹金發、董傑：《試析〈明史·藝文志〉專記一代著述的原因》,《合肥學院學報》（社會科學版）,2009 年第 1 期。

51. 韓峰：《〈四庫全書總目〉目錄學思想初探——以子部小說類為例》,《黑龍江史志》,2009 年第 19 期。

52. 趙晨：《〈清史稿藝文志拾遺〉訂誤》,《菏澤學院學報》,2009 年第 6 期。

53. 路子強：《清史稿藝文志〉經部考異》,《圖書館理論與實踐》,2009 年第 11 期。

54. 王新芳、孫微：《〈清史稿·藝文志〉著錄顧宏〈杜詩注解〉辨正》,《集美大學學報》（哲學社會科學版）,2011 年第 2 期。

55. 姚金笛：《〈清史稿藝文志拾遺〉訂誤》,《西華師範大學學報》（哲學社會

科學版），2011 年第 4 期。

56. 郝敬：《九世紀的中日史志「小說」觀念——以〈日本國見在書目錄〉所著錄「小說」爲考察核心》，《西南大學學報》（社會科學版），2011 年第 5 期。

57. 杜澤遜：《王紹曾先生與目錄版本學研究》，《文史哲》，2011 年第 5 期。

58. 馬桓：《章鈺研究資料綜述》，《安徽文學》，2011 年第 8 期。

59. 王齊洲、楊繼剛：《中國古代小說文獻整理與研究應回歸中華文化本位》，《學術研究》，2012 年第 2 期。

60. 雷平：《張舜徽論〈清史稿〉〈藝文志〉與〈儒林傳〉改修問題》，《清史研究》，2012 年第 2 期。

61. 劉玉珺：《〈清史稿‧藝文志〉誤收書一例》，《江海學刊》，2012 年第 4 期。

肆、報紙文章

1. 安君：《百年以來目錄編纂之盛事　有清一代文獻括存之大業——〈清史稿藝文志拾遺〉專家筆談》，《中華讀書報》，2002-08-14。

2. 鍾少華：《爲〈清史稿藝文志拾遺〉獻芹》，《中華讀書報》，2002-08-28。

3. 杜澤遜：《世紀學人王紹曾》，《光明日報》，2002-11-28。

附 錄

一、歷代史志子部小說著錄沿革表（漢代至宋代）

小說名稱	卷數	作者	漢志	補後漢志拾補	後漢志	補後漢志並考	三國志	補三國志	補晉書志	補宋書志	補南齊書志	補南北史志	隋志	舊唐志	新唐志	補五代史志	補南唐志	宋志	宋志補	補元志	補遼金元志	補三史志	金志補錄	金史略	備註
伊尹說			小說																						
鬻子說			小說																						
周考			小說																						
青史子	1卷		小說																						

師曠			小說				
務成子			小說				
宋子	1卷		小說				
天乙			小說				
黃帝說			小說				
封禪方說			小說				
待詔臣饒心術			小說				
待詔臣安成未央術			小說				
臣壽周紀			小說				
虞初周說			小說				
百家			小說				
燕丹子	1卷	燕王喜太子	小說		小說	小說	《宋志》著錄
雜語	5卷	佚名		小說	小說	雜家	《隋志》另有三卷《雜語》，不著錄作者名，在雜家類。《宋志》亦著錄同名著作二卷，記作者為南唐後主李煜，列入雜家。

郭子	3卷	郭澄之			小說		小說	小說		《補南齊志》著錄書名為《郭子注》、《舊唐志》、《新唐志》著錄書名為《賈泉注郭子》。
雜語對語	3卷	佚名						小說		《隋志》另著錄《語對》《對要》《雜語》，列入子部雜家類，佛教書如《歷代三寶記》《高僧傳》亦歸入雜家。
要用語對	4卷	佚名					小說	雜家		《新唐志》雜家類著有《語對》10卷。
文對	3卷	佚名						小說		
瑣語	1卷	顧協						小說		
笑林	3卷	邯鄲淳	小說	小說			小說	小說		
笑苑	4卷	佚名					小說		小說	
解頤	2卷	陽玠松						小說		
世說	8卷	劉義慶撰			小說		小說	小說	小說	《補晉書志》未注明撰者。《宋志》著錄《世說新語》3卷。
世說	10卷	劉孝標注					小說	小說	小說	《舊唐志》及《新唐志》為劉孝標注《世說》《續世說》。
小說	10卷	殷芸			小說		小說	小說	小說	《宋志》著錄3卷。
小說	5卷	佚名					小說		小說	
通說	1卷	伏琰					小說			

辯林	20卷	蕭賁			小說	小說			
辯林	20卷	希秀				小說			
瓊林	7卷	陰顥				小說			
古今藝術	20卷	佚名			雜藝術	雜藝術			《舊唐志》著錄書名為《今古術藝》15卷。《新唐志》同。
雜書鈔	13卷	佚名				小說			
座右方	8卷	庾元威			小說	小說			
座右法	1卷	佚名				小說			
魯史欹器圖	1卷	劉歆注		小說	儒家	儒家	小說		《補南北史志》著錄《欹器圖》1卷，臨孝恭撰。《宋志》亦作此書人名名氏。
器準圖	3卷	信都芳			曆算	小說 3部			《補南北史志》及《器準注》、《器準圖》，皆不注卷數。並記為信都芳撰《器準圖》。著錄信都芳《器準》3卷。
水飾	1卷	佚名			小說	小說			《隋志》另著錄《水飾圖》20卷，列入地理類。
犧樽	1卷	犧熊	道家	雜家	道家	道家	小說		《新唐志》著錄又一種，即連行挂注《犧子》1卷，列入道家類。《宋志》雜家類著錄《犧子》1卷，熊子。
博物志	10卷	張華			雜家	小說	雜家	小說	

小說	10卷	劉義慶		小說		小說		《補末書志》不著撰人名氏。
釋俗語	8卷	劉霽	雜家	小說				《隋志》作《釋飲語》8卷，劉霽撰。
酒孝經	1卷	劉炫		小說			小說	《末志》亦著有同名書籍1卷，記皇甫松撰。
啓顏錄	10卷	侯白		小說	小說		小說	《補五代史志》著錄同書名6卷皮白光業撰。《末志》亦著錄同書名6卷，不著撰人名氏。
類林	3卷	裴子野						
列異傳	1卷	張華	雜傳	小說	小說	小說		《隋志》著錄3卷，魏文帝撰。《舊唐志》著錄3卷。
甄異傳	3卷	戴祚	雜傳	小說		小說	小說	《補晉書志》作《甄異記》，未注明卷數。
古異傳	3卷	袁王壽	雜傳	小說				《舊唐志》作袁仁壽撰。
述異記	10卷	祖沖之	雜傳	小說	小說			
近異錄	2卷	劉質	雜傳	小說				
搜神記	30卷	干寶	雜傳	小說	小說		小說	《末志》著錄《干寶搜神總記》10卷。
神錄	5卷	劉之遴	雜傳	小說				
妍神記	10卷	蕭繹		小說				
志怪	4卷	祖臺之	雜傳	小說	小說			《補晉書志》作《志怪書》2卷，祖臺之撰。《隋志》亦作2卷。

志怪	4卷	孔約	小說	雜傳	小說		《補晉書志》作《孔氏志怪》4卷，孔順言撰。
靈鬼志	3卷	荀氏			小說		
鬼神列傳	2卷	謝氏		雜傳	小說		《隋志》作1卷。
幽明錄	30卷	劉義慶		雜傳	小說		《隋志》作20卷。
齊諧記	7卷	東陽無疑　宋		雜傳	小說		
續齊諧記	1卷	吳均		雜傳	小說		
感應傳	8卷	王延秀		雜傳	小說	小說	
繫應驗記	1卷	陸杲		雜傳	小說		
冥祥記	10卷	王琰		雜傳	小說		《隋志》並錄一種《補續冥祥記》1卷，王曼穎撰。
續冥祥記	11卷	王曼穎		雜傳	小說		
因果記	10卷	劉泳			小說		
冤魂志	3卷	顏之推		雜傳	小說		
集靈記	10卷	顏之推		雜傳	小說		
徵應集	2卷	朱君臺			小說		
旌異記	15卷	侯白		雜傳	小說		《舊唐志》著者侯君素撰。侯白，字君素。

書名	卷數	撰人	雜傳	小說	分類	備註
冥報記	2卷	唐臨		小說、雜傳記	小說	
誡子拾遺	4卷	李恕		小說	傳記	《宋志》又著錄柳玭《誡子拾遺》10卷，列入儒家類。
開元御集誡子書	1卷	李隆基		小說		
王氏神通記	10卷	王方慶		小說		
家範	1卷	狄仁傑		小說	儀注、儒家	《宋志》著錄狄仁傑撰《家範》1卷，列入儒家類。又錄有《家範》10卷於儒家類。
盧公家範	1卷	盧撰		小說		
中樞龜鏡	1卷	蘇瓌		小說		
六誡	1卷	姚元崇		小說	小說	《宋志》作姚崇撰，無「元」字。
事始	3卷	劉孝孫、房德懋		小說	小說	《宋志》作劉存撰。
續事始	3卷	劉鞷		小說	小說	《宋志》又著錄一種《敘事始》5卷，馮鑒撰。
琦玕子	1卷	元結		小說	小說	
造化權輿	6卷	趙自勛		小說		
通微子十物志	1卷			小說		

兩同書	1卷	吳筠	小說		《補五代史志》作羅隱撰，2卷。
刊誤	2卷	李涪	小說		
資暇	3卷	李匡文	小說	小說	《宋志》著錄書名增「錄」字，作《資暇錄》。
炙轂子雜錄注解	5卷	王叡	小說	小說	《宋志》著錄書名無「注解」二字。
演義	10卷	蘇鶚	小說		
杜陽雜編	3卷	蘇鶚	小說	小說	《宋志》作2卷。
柳氏家學要錄	2卷	柳玭	小說		
初擧子	1卷	盧光啟	小說		
排諧集	15卷	劉訥言	小說		
卓異記	1卷	陳翱	小說	小說	《宋志》重複著錄，作陳翰撰。
續卓異記	1卷	裴柴芝	小說	小說	
集異記	3卷	薛用弱	小說	小說	《宋志》同名書收錄兩種，一種為薛氏撰，另一種不著撰人名氏。
纂異記	3卷	李玫	小說	小說	《宋志》收錄1卷。
獨異志	10卷	李亢	小說	小說	

書名	卷數	撰人	地域	地理	小說	小說	備註
博異志	3卷	谷神子			小說	小說	《宋志》作1卷。
異物志	3卷	沈如筠	地理	地理	小說	小說	《補後漢志》著錄《南宇異物志》。《後漢志》著錄楊孚《異物志》。《隋志》收錄孚《交州異物志》1卷（吳丹陽太守萬震撰。）及《南州異物志》1卷（楊孚撰。）《交州異物志》《藝文志》將《南州異物志》歸入地理類。《新唐志》雖將作品沈如筠《異物志》歸入史部地理類，但其他《異物志》類作品皆歸入小說類。《宋志》收錄沈氏《異物志》作品2卷。
古異記	1卷	沈如筠			小說		
傳記	1卷	劉餗			小說	小說	
紀聞	10卷	牛肅			小說	小說	《宋志》作崔造注。
開元升平源	1卷	陳鴻			小說		
靈怪集	2卷	張薦			小說	小說	
辨疑志	3卷	陸長源			小說	小說	《宋志》著錄1卷，不著撰人名氏。
說纂	4卷	李繁			小說		
還魂記	1卷	戴少平			小說		
玄怪錄	10卷	牛僧孺			小說	小說	

續玄怪錄	5卷	李復言	小說	小說	
異聞集	10卷	陳翰	小說	小說	《宋志》作陳翰撰。
洽聞記	1卷	鄭遂	小說	小說	《宋志》作2卷。
前定錄	1卷	鍾輅	小說	小說	《宋志》作鍾輅撰。
定命論	10卷	趙自勤		小說	
定命錄	2卷	呂道生	小說	小說	《宋志》著錄趙自勤撰《定命錄》。而《新唐志》《定命論》10卷。
續定命錄	1卷	溫奢	小說	小說	《宋志》作溫奢撰。
譚賓錄	10卷	胡璩	小說	小說	《宋志》作《談賓錄》5卷，胡蒙撰。
劉公嘉話錄	1卷	韋絢	小說	小說	《宋志》收錄《劉公嘉話》、《賓客嘉話》，《四庫全書總目》認為《宋志》誤收為二書，該是《劉公賓嘉話》。
戎幕閒談	1卷	韋絢	小說	小說	
因話	6卷	趙璘	小說		
甘澤謠	1卷	袁郊	小說	小說	
乾𦠆子	3卷	溫庭筠	小說	小說	
採茶錄	1卷	溫庭筠	農家	小說	

西陽雜俎	30卷	段成式			小說	小說	《宋志》並錄《續酉陽雜俎》10卷，與《酉陽雜俎》總和30卷。
盧陵官下記	2卷	段成式			小說	小說	
劇談錄	3卷	康駢			小說	小說	《宋志》作2卷，康軿撰。
闕史	3卷	高彥休			小說	小說	《宋志》收錄兩種，一為岑參子撰，一為高彥休撰，記3卷。
盧子史錄	卷亡	盧肇			小說		
逸史	3卷	盧肇			小說	小說	《宋志》入說家類著錄《逸史》1卷，作盧氏撰。而傳記類收錄《逸史》1卷，不著撰人名氏。
大唐奇事記	10卷	李隱			小說	小說	《宋志》著錄書名無「記」字。
通幽記	1卷	陳劭			小說	小說	
雲溪友議	3卷	范攄			小說	小說	《宋志》作11卷。
嵐齋集	25卷	李躍			小說	小說	
南楚新聞	3卷	尉遲樞		小說	小說		
幽閒鼓吹	1卷	張固			小說	小說	
常侍言旨	1卷	柳珵			小說	小說	

盧氏雜說	1卷	盧言		小說	
桂苑叢譚	1卷	嚴子休	小說	小說	《宋志》作《桂苑叢談》1卷，不著撰人名氏。
樹萱錄	1卷		小說	小說	《宋志》作3卷。
會昌解頤	4卷		小說	小說	《宋志》收錄書名增「錄」字，作《會昌解頤錄》5卷。
松窗錄	1卷	李濬	小說	小說	《宋志》著錄李濬《松窗小錄》1卷。
芝田錄	1卷	丁用晦	小說		
玉泉子見聞真錄	5卷		小說	小說	
宣室志	10卷	張讀	小說	小說	
瀟湘錄	10卷	柳祥	小說	小說	《宋志》著錄同書名兩種，另一為李隱撰。
醉鄉日月	3卷	皇甫松	小說	小說·雜藝術	
笑林	3卷	何自然	小說	小說	
窮神秘苑	10卷	焦璐	小說	小說	
傳奇	3卷	裴鉶	小說	小說	
牛羊日曆	1卷	劉軻	小說	小說	

補江總白猿傳	1卷						小說	《宋志》作《集補江總白猿傳》。
武孝經	1卷	郭良輔					小說	
茶經	3卷	陸羽				農家	農家	
煎茶水記	1卷	張又新				小說	農家	
續錢譜	1卷	封演				小說	小說	
神異經	2卷	東方朔	小說		地理　地理	道家	小說	
拾遺記	10卷	王子年（王嘉）	小說		雜史	道家	小說	《新唐志》著錄王嘉《拾遺記》3卷，並錄蕭綺錄10卷。
寶櫝記	10卷				史		小說	
俗說	1卷	沈約					小說	
述異記	2卷	任昉					小說	
古今刀劍錄	1卷	陶弘景					小說	
銅劍贊	1卷	江淹			史部譜系		小說	
錢譜	1卷	顧烜			農家	史部譜系	小說	《宋志》著錄兩種《錢譜》，另一種作者為董逌、10卷，同列入小說類。小說類另有《歷代錢譜》10卷、李孝友撰、10卷。而《宋志》農家亦收錄封演的《錢譜》1卷。

還冤志	3 卷	顏之推		小說			
八代談藪	2 卷	陽松玠		小說			
五代新說	2 卷	張說		小說			
鑒龍圖記	1 卷	張說		小說			
神告錄	1 卷	陸藏用		小說			
隋唐嘉話	1 卷	劉餗		小說			
聞見記	5 卷	封演	雜傳記	小說			《新唐志》收錄《封氏聞見記》5 卷。
龍城錄	1 卷	柳宗元		小說			
柳氏小說舊聞	6 卷	柳公權		小說			
昭義軍別錄	1 卷	盧弘正		小說			
瞿童述	1 卷	溫造		小說			
南方異物志	1 卷	房千里		小說			
幽怪錄	14 卷	李德裕		小說			
雜纂	1 卷	李商隱		小說			
集異志	2 卷	陸勳		小說			

書名	卷數	撰者	雜史	小說	小說	備註
雲仙散錄	1卷	馮贄			小說	
三水小牘	2卷	皇甫枚			小說	
金華子雜編	3卷	劉崇遠		小說	小說	《補五代史志》收錄同書名一種，4卷，王仁裕撰。
因話錄	6卷	趙璘			小說	
武孝經	1卷	郭良輔			小說	
女孝經	1卷	侯莫陳邈妻鄭氏			小說	
會稽新錄	1卷	羅邵			小說	
稽神異苑	10卷	焦潞			小說	
隋遺錄	1卷	顏師古			小說	
開天傳信記	1卷	鄭棨	雜史		小說	
蠻雲叢說	1卷	俞子			小說	
雜稿	1卷	李義山			小說	
知命錄	1卷	劉顒			小說	
聞奇錄	3卷				小說	
溪洪錄	2卷				小說	
燈下閒談	2卷	佚名			小說	

續野人閒話	3卷	佚名					小說	
吳越會粹	1卷	佚名					小說	
耳目記	2卷	劉氏				小說	小說	《補五代史志》作2卷，不著撰人名氏。
佛孝經	1卷	舊題名闕，不知姓					小說	
捫虱新話	8卷	陳善					小說	
能改齋漫錄	13卷	吳曾					小說	
角力記	1卷	調露子					小說	
驚聽錄	1卷	沈氏			雜史		小說	《新唐志》著錄王坤《驚聽錄》1卷。
釣磯立談	1卷	史虛白				小說	小說	《補五代史志》及《補南唐志》皆作2卷。
元道孝經	1卷	蔡師系					小說	
晉安海物異名記	3卷	陳致雍				小說	小說	
漢武帝洞冥記	4卷	郭憲編	小說	小說	道家	雜傳	小說、傳記	《補後漢志》作郭憲《洞冥記》4卷《後漢志》、《隋志》皆著錄《漢武洞冥記》1卷。《新唐志》著錄《漢武帝別國洞冥記》4卷。《宋志》重複著錄，列入小說類及傳記類。傳記類《洞冥記》4卷。

備忘小鈔	2卷	文谷	小說	小說	
虬髯客傳	1卷	杜光庭	小說	小說	
續北齊還冤志	1卷	僧庭藻		小說	
群居解頤	3卷	高澤	小說	小說	
玉堂閒話	3卷	王仁裕	小說	小說	
唐新纂	3卷	石文德	小說	小說	
鑒戒錄	3卷	劉曦度		小說	《宋志》小說家類又錄另一種，何光遠撰。
紀聞談	1卷	潘遠	小說	小說	《補五代史志》著錄3卷，「談」作「譚」字。
妖怪錄	5卷	皮光業	小說	小說	
蠡子注	1卷	逢行珪	小說	小說	
撰林	5卷	李諷		小說	
談綺	1卷	鄭餘慶		小說	
續同歸說	3卷			小說	
尚書故實	1卷	李綽		小說	
摭言	15卷	王定保	小說	小說	《補五代史志》及《補南唐志》著錄同書名一種，作者為何晦撰。《宋志》則著錄兩種，一為何晦撰，一為王定保撰。

書名	卷	撰者		小說	小說	說明
頤山錄	1卷	陸希聲			小說	
家學要錄	2卷	柳珵			小說	
賂子解	1卷				小說	
廣政雜錄	3卷	何光遠			小說	
蜀廣政雜記	15卷	蒲仁裕			小說	
儆戒錄	5卷	楊士達			小說	
見聞錄	3卷	王仁裕		小說	小說	《宋志》小說類收錄同書名兩種，一作著為趙鄴概撰，2卷。《宋志》史部傳記類又3卷。《見聞錄》一種，張綱撰。《補遼金元志》亦著有《見聞錄》20卷，為唐元撰。
唐末見聞錄	8卷	佚名		小說	小說	《補五代史志》記王仁裕撰。
佐談	10卷	韋絢		小說	小說	
開顏集	2卷	周文玘			小說	
皮氏見聞錄	13卷	周文玘		小說	小說	
三餘外志	3卷			小說	小說	《補五代史志》著錄《三餘外志》，皮光業撰。
三感志	3卷	楊九齡		小說	小說	

書名	卷數	撰人	類別	備註
初學子	3卷	盧光啟	小說	
錦里新聞	3卷	段成式	小說	
南溪子	3卷	周隨	小說	
玉泉筆論	5卷		小說	
淺疑論	3卷	李遇之	小說	
玉溪編事	3卷	金利用	小說	
章程	4卷		小說	
嘯旨	1卷	王川子	小說	《宋志》收錄同書名兩種，一為合神子纂，不著撰人名氏。
北里志	1卷	孫棨	小說	
同歸小說	3卷		小說	
醉鄉小略	1卷	胡節還	小說	
唐說纂	4卷		小說	
合圃芝蘭集	1卷	楊魯龜	小說	
遊山行記	12卷	司馬光	小說	
西山別錄	1卷	趙瞻	小說	

古今廣說	120卷	唐格	小說	
南遷錄	1卷	張舜民	小說	
史遺	1卷	林思	小說	
續遺	5卷	黃仁望	小說	
興國拾遺	20卷	佚名	小說	
誡女書	1卷	李大夫	小說	
忠經	1卷	海鵬	小說	
正順孝經	1卷		小說	
孝感義聞錄	3卷	曹希達	小說	
感應經	3卷	東方朔	小說	
報應錄	3卷	王谷	小說 小說	《補五代史志》及《補南唐志》作王轂撰。
奇應錄	5卷	夏大汪	小說	
靈圖感應歌	1卷	狐剛子	小說	
冥通記	4卷	周子良	小說	
搜古異錄	10卷	李復言	小說	

搜神錄	3卷	焦璐			小說	
祥異集驗	2卷	廉安石			小說	
異僧記	1卷	吳淑			小說	
錄異記	10卷	杜光庭	雜傳	小說	小說	《隋志》不著撰人名氏。
神異書	3卷	元貞子			小說	
傳載	1卷		雜史		小說	《宋志》收錄兩種，一不著撰人名氏，一記僧贊寧撰，8卷。
靈異圖	1卷	曹大雅			小說	
靈異志	5卷	裴約言			小說	
鬼神傳	2卷	曾寓			小說	
湖湘神仙顯異	3卷	曹衍			小說	
靈異實錄	3卷	佚名		小說	小說	《補五代史志》作曹衍撰。
洛中紀異	10卷	秦再思			小說	
秉異	3卷	佚名			小說	
賈怪圖	2卷	佚名			小說	
感定錄	1卷	鍾輅			小說	

廣前定錄	7卷	馮鑑				小說
續廣卓異記	3卷	樂史				小說
小名錄	3卷	佚名				小說
古今小名錄	5卷	陸龜蒙				小說
名賢姓字相同錄	1卷					小說
三教論	1卷					小說
五經評判	6卷	周明辨				小說
古今鼎錄	1卷	虞荔				小說
八駿圖	1卷	史道碩				小說
異魚圖	5卷					小說
十物志	1卷	通微子				小說
物類相感志	5卷	釋贊寧				小說
海潮論	1卷	丘光庭				小說
海潮記	1卷	佚名				小說
花木錄	7卷	張宗誨				小說

書名	卷數	撰者	類別
花品	1卷	僧仲休	小說
荔枝譜	1卷	蔡襄	小說
庭萱譜	1卷	同慶先生	小說
正元飲略	3卷	寶常	小說
合浦珠璣	3卷	尹建峰	小說
笑林	3卷	路氏	小說
戲語集說	1卷	南陽德長	小說
國老閒談	2卷	顯君王撰	小說
大隱居士詩話	1卷		小說
釋常談	3卷		小說
王沐談錄	1卷		小說
艇齋詩話	1卷	曾季貍宋	小說
廣說	2卷	譚世卿	小說
梁溪漫志	1卷	費袞	小說
竹莊書話	27卷	何溪汶宋	小說
談助	1卷	晁氏	小說

書名	卷數	作者	類別	備註
幽明雜譬	3卷	退夫興仲之所纂	小說	
敬誡會最	1卷	張氏	小說	
步里客談	1卷	唯室先生	小說	
筆談	25卷	沈括	小說	
清夜錄	1卷	沈括	小說	《末志補》作俞文豹撰。
續清夜錄	1卷	王銍	小說	
睽車志	1卷	郭彖	小說	
隨筆五集	74卷	洪邁	小說	
夷堅志	甲乙丙志各60卷	洪邁	小說	
漁隱叢話前後集	40卷	胡仔	小說	
隨因紀述	1卷	姚洄	小說	
北山紀事	12卷	王煥	小說	
廣撫言	15卷	何晦	小說	
稽神錄	10卷	徐鉉	小說　小說	《補五代史志》及《補南唐志》皆錄6卷。

書名	卷數	作者	類別
龍川志	6卷	蘇轍	
東坡詩話	1卷	蘇軾	小說
四六餘話	2卷	楊囷道	小說
四六談麈	2卷	宋謝伋	小說
南宮詩話	1卷	宋葉凱	小說
石林避暑錄	2卷	葉夢得	小說
懶真子	5卷	馬永卿	小說
敘事	1卷	王同	小說
翰府名談	25卷	劉斧	小說
摭遺	20卷	劉斧	小說
青瑣高議	18卷	劉斧	小說
湘山野錄	3卷	僧文瑩	小說
玉壺清話	10卷	僧文瑩	小說
賢己集	32卷	李端彥	小說
談淵	1卷	王陶	小說

衣冠盛事	1卷	錢明逸						小說
坐右書	1卷	句穎 宋						小說
雜職	1卷	曾鞏						小說
怪集	5卷	張師正						小說
倦遊雜錄	12卷	張師正						小說
括異志	10卷	張師正						小說
幕府燕閒錄	10卷	畢仲詢						小說
三異記	1卷	劉攽						小說
續世說	12卷	孔平仲						小說
吉凶影響錄	8卷	岑象求						小說
南齋雜錄	1卷	龐元英						小說
釋稗	1卷	孔平仲						小說
孔氏雜說	1卷	孔平仲						小說
訂誤集	2卷	魏泰						小說
東軒筆錄	15卷	魏泰						小說

書名	卷數	作者	類別
劍谿野話	3卷	陳正敏	小說
遯齋閑覽	14卷	陳正敏	小說
師友談記	10卷	李廌	小說
筆盦錄	7卷	王山	小說
澠水燕談	10卷	王辟之	小說
筆錄	3卷	宋肇	小說
談圃	3卷	劉延世	小說
朝野雜編	1卷	成材	小說
畫墁錄	1卷	張舜民	小說
談叢究理	1卷	陳師道	小說
後山詩話	1卷	陳師道	小說
雲齋新說	10卷	陳師道	小說
和平談選士	1卷		小說
搜神秘覽	3卷	章炳文	小說
麈史	3卷	王得臣	小說

書名	卷數	著者	類別
歷代神異感應錄	2卷	令狐嘿如	
唐語林	11卷	王讜	小說
青箱雜記	10卷	黃朝英	小說
李冰治水記	1卷	李注	小說
甲申雜記	1卷	王鞏	小說
聞見近錄	1卷	王鞏	小說
渾洲可談	3卷	朱彧	小說
冷齋夜話	13卷	僧惠洪	小說
世說敘錄	3卷	汪藻	小說
松漠紀聞	2卷	洪皓	小說
泊宅編	10卷	方勺	小說
好還集	10卷	婁伯高	小說
歟息	1卷	何㑊	小說
清波別志	2卷	周煇	小說
東皋雜記	10卷	孫宗鑒	小說

待兒小名錄	1卷	洪炎		小說	
山陰詩話	1卷	陸游		小說	
洛中記異	10卷	秦再思		小說	
西溪叢話	2卷	姚寬		小說	
葆光錄	3卷	陳纂	小說	小說	
牧豎閒談	3卷	耿煥		小說	
野人閒話	5卷	耿煥	小說	小說	
北夢瑣言	12卷	孫光憲	小說	小說	《補五代史志》錄30卷。
郡閣邪言	2卷	潘若冲		小說	
雅言繫述	10卷	王轔			
秘閣閒談	5卷	吳淑	小說	小說	《補五代史志》及《補南唐志》皆作《秘閣閒譚》。
江淮異人錄	3卷	吳淑	小說	小說	《補五代史志》及《補南唐志》皆錄1卷。
太平廣記	500卷	李昉			
貨泉錄	1卷	陶岳		小說	
太平雜編	2卷	張齊賢		小說	

書名	卷	作者	類	類	備註
賈黃中談錄	1卷	張洎	小說	小說	《補五代史志》及《補南唐志》著錄《賈氏談錄》1卷。
洞微志	3卷	錢易		小說	
渭稽集	1卷	錢易	小說	小說	
南部新書	10卷	錢易	小說	小說	
志異	10卷	陳彭年		小說	
西齋話記	1卷	祖士衡		小說	
潮說	3卷	張君房		小說	
乘異記	3卷	張君房		小說	
科名分定錄	7卷	張君房		小說	
縉紳脞說	20卷	張君房		小說	
補妬記	8卷	王績		小說	《新唐志》著錄虞通之《妬記》2卷，列入雜傳記。
詼聞錄	10卷	李畋		小說	
閒談錄	2卷	蘇耆		小說	
茅亭客話	10卷	黃休復		小說	
晏開談柄	1卷	歐靖		小說	

友會談叢	3卷	上官融			小說			
百一紀	1卷	王子融			小說			
荊山雜編	4卷	梁嗣眞			小說			
說野	3卷	邵思			小說			
岷山異事	3卷	勾臺符			小說			
俱異志	10卷	聶田			小說			
范陽家志	1卷	盧臧			小說			
洛陽貴尙錄	10卷	丘睿			小說			
楊億談苑	15卷	宋庠			小說			
詩海遺珠	1卷	湯岩起			小說			
雜說	1卷	趙辭公	雜家	小說				
嘉祐雜志	3卷	江休復			小說			
窮神記	10卷				小說			
延賓佳話	4卷				小說			
林下笑談	1卷				小說		《隋志》著錄沈約撰，2卷；《補五代史志》著錄盧瓌言撰。	

書名	卷數	撰者		小說部數	類目	類別	備註
世說新語	1卷					小說	
翰苑名談	30卷					小說	
說異集	2卷					小說	
墨客揮犀	20卷					小說	
北窗記異	1卷					小說	
逍山新聞	1卷					小說	
紺珠集	13卷					小說	
徵告	1卷					小說	
垂虹詩話	1卷	周知和				小說	
穆天子傳	6卷	郭璞	小說	小說2部	起居注 起居注類	別史	《補晉書志》著錄《汲冢穆天子傳》5篇（不著撰人名氏），又著錄《穆天子傳注》6卷，郭璞撰。
山海經圖贊				小說5部	地理 地理	地理	《補晉書志》著錄山海經類《山海經類》2卷、《山海經圖》種。《山海經圖贊》2卷、《山海圖贊》10卷、《山海經注》23卷、《山海經音》2卷，皆郭璞撰。另一種《山海經圖畫贊》，未注明卷數及著錄人名氏。《禾志》著錄郭璞撰《山海經贊》2卷。

漢武帝故事								《漢志拾補》、《補後漢志》、《舊唐志》、《宋志》著錄《漢武故事》2卷。
西京雜記	1卷	葛洪	小說		小說	舊事	故事	《補晉書》作《末志》作6卷。
東方朔傳	8卷	郭憲	小說		小說	雜傳	故事·地理	《漢志拾補》、《補後漢志》則著錄《東方朔別傳》，《漢志拾補》著錄《東方朔傳》。
漢武內傳	3卷		小說		小說	雜傳	雜傳記	傳記	《補後漢志》與《末志》皆錄《東方朔錄》1卷。
宣驗記						雜傳		傳記	《補後漢志》與《末志》皆錄2卷。
山海經	23卷	郭璞注				地理	地理	五行	《舊唐志》及《末志》皆錄18卷。
十洲記	1卷	東方朔				地理	地理	地理	
雜記	11卷	張華	小說		小說	雜家	雜家	地理	《新唐志》錄12卷，不著撰人名氏。
張公雜記	1卷	張華	小說		小說	雜家	雜家	雜家	《補唐書志》錄5卷。
漢武帝帝傳	2卷					雜傳	雜傳	道家	
繫應驗記	1卷	陸杲				雜傳			
周王遊行記	5篇		小說		小說				《春秋正義》：王隱《晉書·束晳傳》曰：「《周王遊行》五卷，說周穆王遊行天下之事。」今謂之《穆天子傳》。唐修《晉書·束晳傳》曰：「《穆天子傳》五篇，言周穆王遊行四

書名	卷數	撰者	小說	傳記	備註
宋玉子	1卷		小說		海，見帝摹西王母。」意謂二著實爲一書。〔清〕姚振宗撰，頃永琴整理：見《漢書藝文志拾補》，收入王承略、劉心明主編：《二十五史藝文經籍志考補萃編・第二卷》，北京：清華大學出版社，2011年，第303頁。
南越行紀			小說		
六博經	1篇	許博昌	小說		
上林禽獸簿			小說		
上林草木名			小說		
漢武帝禁中起居注	1卷		小說		
趙飛燕外傳	1卷	伶玄	小說	傳記	《補後漢志》著錄《飛燕外傳》，不著撰人名氏。
歸田錄	8卷	歐陽修		傳記	
方士傳			小說		
李陵別傳			小說		
麗娟傳	1卷	郭憲	小說		

西王母傳		桓麟	小說
異聞記		陳寔	小說
龐娥親傳		梁寬	小說
蜜蜂經		邯鄲淳	小說
博經	1卷	曹玉	小說
讖俗書	12篇	王充	小說
郭林宗著書	1卷		小說
月旦評		許劭	小說
峨嵋山神異記			小說
譏語		高貴鄉公	小說
異物評	2卷	張華	小說
異林		陸氏	小說
語林	10卷	裴啟	小說
王子年拾遺錄	2卷	王嘉	小說
神境記		王韶之	小說

神異記	王浮		小說	
志怪	曹毗		小說	
群英論	郭頒	1卷	小說	
名山記	王嘉	1卷	小說	
搜神後記	陶潛	10卷	小說	
開天遺事	王仁裕	1卷		小說
金鑾密記	韓偓	1卷		小說
集說	王溥	2卷		小說
警戒錄	周捷	5卷		小說
解嘲	沈顏	15卷		小說
貽子錄	孫光憲	1卷		小說
唐末泛聞錄	閻自若	1卷		小說
唐摭言	王定保	15卷		小說
入洛私書	王仁裕	1卷		小說
金華子新編	劉崇遠	3卷		小說

書名	卷數	撰人	類	備註
廣陵妖亂志	1卷	鄭廷晦	小說	
入洛私書	10卷	江文秉	小說	
北司治亂記	10卷	嚴道美	小說	
賓朋宴語	1卷	邱旭	小說	
筆述	20卷	王樸	小說	
南塘近事	1卷	吳淑	小說	
登科記	5卷		小說	
五代登科記	1卷	徐鍇	小說	
宋齊邱文傳	13卷		小說	
國朝舊事	40卷	王溥	雜傳記 小說	《新唐志》不著撰人名氏。
顯德二年小錄	2卷		小說	
史館故事	3卷		小說	
忠烈圖	1卷	徐溫客輯	小說	
孝義圖	1卷	徐溫客輯	小說	

清異錄	6卷	陶穀	小說		
資談	60卷	范質然	小說		
符彥卿家譜	1卷		小說		
陳金鳳傳	1卷		小說		
螯書	10卷	沈顏	小說	小說	
瓢子	1卷	趙鄰幾	小說		
竹譜	3卷	錢昱	小說		
筍譜	10卷	僧贊寧	小說		
辯書	1卷	陳陶	小說	小說	
李後主雜說	2卷		小說	小說	《補南唐志》作《雜說》。
珩璜新論	1卷	孔平仲		小說	
麟書	1卷	汪若海		小說	
陶朱新錄	1卷	馬純		小說	
楊公筆錄	1卷	楊彥齡		小說	
夷堅支志	70卷	洪遵		小說	

夷堅三志	30卷	洪邁		小說
揮麈錄	3卷	楊萬里		小說
揮麈前錄 4卷 後錄 11卷 餘話 3卷		王明清		小說
玉照新志	6卷			小說
煙波圖	1卷	朱伯仁		小說
野客叢書	30卷	王楙		小說
蘆浦筆記	10卷	劉昌詩		小說
紹陶錄	2卷	王質		小說
猗覺寮雜記	3卷	朱翌		小說
北窗炙輠錄	2卷	施彥執		小說
蒙齋筆談	2卷	鄭景望		小說
南墅閒居錄	1卷	王大有		小說
鶴林玉露	16卷	羅大經		小說
寓簡	10卷	沈作喆		小說

肯綮錄	1卷	趙叔向						小說
枕上言	1卷	施清臣						小說
東州几上語	1卷	施清臣						小說
萬柳溪邊舊話	1卷	尤玘						小說
愛日齋叢抄	10卷	葉寘						小說
宣齋野乘	1卷	吳枋						小說
吹劍錄	4卷	俞文豹						小說
深雪偶談	1卷	方岳						小說
白獺髓	1卷	張仲文						小說
藏一話腴	1卷	陳郁						小說
行營雜錄	1卷	趙葵						小說
耆舊續聞	10卷	陳鵠						小說
貴耳集	2卷	張端義						小說
洞天清祿	2卷	趙希鵠						小說
月河所聞	1卷	莫君陳						小說

書名	卷數	著者	分類
閒窗括異志	1卷	魯應龍	小說
退齋筆錄	1卷	侯延慶	小說
芥隱筆記	1卷	龔頤正	小說
山房隨筆	1卷	蔣正子	小說
隨隱漫錄	5卷	陳（失名）	小說
林下偶談	4卷	荊溪吳氏	小說
醉翁談錄	8卷	盈之	小說
楓窗小牘	2卷	袁褧	小說
別續常談	3卷	施君美	小說
識遺	1卷	羅璧	小說
類編夷堅志	120卷		小說
儒林公議	1卷		小說
異聞總錄	4卷		小說
搜採異聞錄	5卷		小說
百斛珠		楊圓祥	小說

續夷堅志	4卷	元好問		小說	小說	
續夷堅志	20卷	吳元復		小說		
錄鬼簿	2卷	鍾嗣成		小說		
鬼董	5卷	關漢卿		小說		
青樓集	1卷	喬吉		小說		
說郛	120卷	陶宗儀	小說	小說		《補三史志》錄100卷。
名姬傳		陶宗儀		小說		
安遠堂酒令	1卷	曹繼善		小說		
撥款萬類		朱士凱		小說		
包羅天地		張小山等		小說		
瑯環記	3卷	伊世珍	小說	小說		
絹柳編	3卷	沈曇元	小說	小說		
女紅餘志	2卷	常陽姜龍輔		小說		《補遼金元志》著常陽撰。
浩然翁手鈔五色線	3卷	邵文伯		小說		《補遼金元志》錄2卷。
叢語	10卷	王庭筠	小說			冀本《金志補錄》作《叢辨》。

玉堂嘉話	8卷	王惲			小說
齊東野語	20卷	周密			小說
癸辛雜識	1卷	周密			小說
癸辛新識	4卷	周密			小說
癸辛後識	4卷	周密			小說
癸辛續識	2卷	周密			小說
澄懷錄	2卷	周密			小說
續澄懷錄	3卷	周密			小說
浩然齋視聽鈔		周密			小說
浩然齋意鈔		周密			小說
浩然齋雅談		周密			小說
庶齋老學叢談	3卷	盛如梓			小說
硯北雜志	2卷	陸友仁			小說
閒居錄	2卷	吾衍			小說
山中新話		吾衍			小說

書名	卷數	著者	類別	備註
春風亭筆記	2卷	蘇天爵	小說	
擂頤錄	10卷	何中	小說	
繼潛錄		張雯	小說	
江湖紀聞	16卷	郭霄鳳	小說	
誠齋雜記	2卷	周達觀	小說	
古杭雜記	4卷	李有	小說	《補三史志》著錄《古杭集記》1卷。
東園友聞	2卷	夏頤	小說	
遂昌山人雜錄	1卷	鄭元祐	小說	《補三史志》著錄《遂昌山樵雜錄》2卷。
廣客談	1卷	佚名	小說	
樂郊私語	1卷	姚桐壽	小說	
泛說	40卷	李冶	小說	
林下纖議	1卷	張榲	小說	
席上輔談	2卷	俞琰	小說	
積年雜說		楊雲翼	小說	
續古今考	9卷	元好問	小說	

書名	卷數	著者			小說	備註
拜山賓談		李純甫				
朝野僉載	6卷	張鷟	雜傳記	傳記		《新唐志》錄30卷。《宋志》著錄張鷟《朝野僉載》20卷，又著錄《僉載補遺》3卷。
大唐新語	13卷	劉肅	雜史			
次柳氏舊聞	1卷	李德裕	雜史	故事		《新唐志》及《宋志》皆著錄《柳氏舊聞》。
國史補	3卷	李肇	起居注			
教坊記	1卷	崔令欽	經部樂類	史部霸史		
南唐近事	1卷	鄭文寶		傳記		
東齋記事	12卷	范鎮				
異苑	10卷	劉敬叔	雜傳			
志怪記	3卷	殖氏	小說			

二、「三志」與清、近代公私書目子部小說著錄表

小說	卷數	作者	三志	總目	八千目	傳本書目	孫氏目	鄭堂記	文端目	吟香仙目	越縵堂記	傳世目	愚齋目	觀古堂目	備註
板橋雜記	1卷	余懷	清志	小說存目	✓	✓	✓	✓						✓	
牛庵笑政	1卷	陳皋謨	拾遺												
池上草堂筆記	8卷	梁恭辰	清志												魯迅《中國小說史略》題24卷。
呰中人語	6卷	程麟	拾遺												
遯窟讕言	12卷	王韜	補編		✓								✓		
耳食錄、耳食錄二編	12卷、8卷	樂鈞	補編								✓				魯迅《中國小說史略》引《耳食錄》、《二錄》。
耳書	1卷	佟世思	拾遺												
浮生六記	6卷	沈復	拾遺							✓					
婦人集	1卷	陳維崧												✓	
瓠剩、續編	8卷、4卷	鈕琇	清志	小說存目	✓	✓		✓							
廣廣初新志	40卷	黃承增	補編								✓				《越縵堂記》著錄黃承增《廣初新志》。
過墟志感	2卷	墅西逸叟	拾遺												

廣陽雜記	5卷	劉獻廷	清志	小說存目					✓	
漢世說	14卷	章撫功	清志	小說存目	✓					
皇華紀聞	4卷	王士禎	清志			✓	✓			
花間笑語	5卷	釀花使者	拾遺							
海陬冶遊錄、附錄、餘錄	各3卷	王韜	拾遺							
堅瓠集	66卷	褚人獲	清志		✓			✓		
壺天錄	3卷	百一居士	拾遺							
今世說	8卷	王晫	清志	小說存目	✓	✓	✓	✓	✓	
蕉軒摭餘	12卷	俞夢蕉	補編							
金壺七墨		黃鈞宰	拾遺		✓	✓				《拾遺》只著錄《金壺戲墨》及《心影》、《浪墨》、《逸墨》。（缺《淚墨》《遯墨》《醉墨》）。
見聞錄	1卷	徐岳	拾遺	小說存目	✓	✓	✓	✓		
客窗偶筆	4卷	金捧閶	補編		✓	✓				
曠園雜志	2卷	吳陳琰	拾遺	小說存目			✓			
看花述異記	1卷	王晫	拾遺							
浪跡叢談	11卷	梁章鉅	清志			✓		雜家		
柳崖外編	8卷	徐昆	補編							
六合內外瑣言	20卷	屠紳	補編		✓					
聊齋誌異	16卷	蒲松齡	補編		✓			✓		魯迅《中國小說史略》據金武祥《江陰藝文志》引此書，謂此書一名為《璅蛄雜記》。

書名	卷數	作者	著錄	小說存目				雜家	備註
里乘	10卷	許奉恩	拾遺					✓	
聊齋誌異拾遺	1卷	蒲松齡	拾遺					✓	
明語林	14卷	吳肅公	清志	小說存目		✓			
夢廠雜著	10卷	俞蛟	補編				✓		
冥報錄	2卷	陸圻	拾遺	小說存目	✓				
明世說	24卷	陳衍虞				✓			
女世說	4卷	李清	拾遺		✓				《拾遺》並著錄《女世說補遺》。
女世說	1卷	嚴蘅	拾遺						
女俠荊兒記	1卷		拾遺						
諾皋廣志	1卷	徐芳	拾遺	✓					
女才子集	12卷	徐震【題煙水散人】	補編						
秋燈叢話	18卷	王椷	拾遺			雜家			《傳本書目》作《秋鐙叢話》。
秦淮畫舫錄	2卷	題捧花生	拾遺						
說鈴	1卷	汪琬	清志			✓			《鄭堂記》作《汪氏說鈴》2卷。
淞濱瑣話	12卷	王韜	補編						
三異筆談	4卷	許仲遠	拾遺						
述異記	3卷	題東軒主人	拾遺	小說存目		✓			
淞隱漫錄	12卷	王韜	拾遺						
書影【因樹屋書影】	10卷	周亮工	雜家		雜家		✓		

書名	卷數	撰者	類別	著錄一	著錄二	備註
唐人說薈	20卷	陳世熙	拾遺			
吳門畫舫錄	2卷	西溪山人	拾遺		✓	《愚齋目》並錄《續錄》3卷《投贈》3卷，不著撰人名氏。
聞見異辭	4卷	許秋垞	拾遺			
續廣博物志	16卷	徐壽基	清志		✓	
諧譯	12卷	沈起鳳	補編			
小豆棚	16卷	曾衍東	拾遺			
新齊諧【子不語】	24卷	袁枚	拾遺	✓	✓	
續新齊諧【續子不語】	10卷	袁枚	拾遺	✓	✓	
笑倒	35則	陳皋謨	拾遺	✓		
昔柳摭談	8卷	馮（佚名）輯	拾遺			《拾遺》題作者馮（佚名）、《鄮氏目》著錄梓華生撰，非馮。彭國棟題《重修清史藝文志》案：作者「汪人驥圖輯」。據上海大聲圖書局於民國3年（1914）出版的《繪圖昔柳摭談》，作者題清平湖梓華生馮氏，鄮縣汪人驥輯。其他書目及4種文言小說史皆認為出自馮起鳳之作。《鄮氏目》則認為是梓華生，「馮」誤。

書名	卷數	石成金	拾遺					備註
笑得好	163則無卷數							
王劍尊聞	10卷	梁維樞	清志	小說存目	✓		✓	
虞初新志	12卷	張潮	清志	傳記	✓	✓		
虞初續志	12卷	鄭澍若	清志	傳記		✓		
閱微草堂筆記	24卷	紀昀	清志		✓	✓	✓	
右臺仙館筆記	16卷	俞樾	清志		✓		✓	
蚓菴瑣語	1卷	李王逋	拾遺	小說存目	✓			《總目》著錄《蚓菴瑣語》、王逋撰。
印雪軒隨筆	4卷	余鴻漸	拾遺					
夜譚隨錄	12卷	利邦額	拾遺	✓				《八千目》未提及作者，《拾遺》題為霽園主人閒齋和邦額。實為霽園主人。侯史其號：「閒齋」字閒齋。侯史：「閒」字作「關」(內外結構)。
螢窗異草初編、二編、三編	各4卷	慶蘭	拾遺	✓				魯迅《中國小說史略》引此書，謂另有《四編》，《續錄》《八千目》著錄此書乃古書估偽造。《八千目》著錄此書作者為慶蘭撰。
夜雨秋燈錄初集、續集、三集	各4卷	宣鼎	拾遺	✓				裴史、吳史引《夜錄》及《續錄》各8卷；侯稿引《夜錄》、《續錄》，魯迅《中國小說史略》則引《夜錄》16卷、《拾遺》著錄三集共12卷。

翼駉稗編	8卷	湯用中	補編小說章回演義之屬		✓	《八千目》著錄《海鷗小譜》一卷，趙執信撰；《燕蘭小譜》三卷，不著撰人名氏。
燕蘭小譜、海鷗小譜		題安樂山樵		✓	✓	
譚史【新野叟曝言】	20卷	屠紳【署「磊砢山房原本」】	補編小說章回演義之屬		✓	魯迅《中國小說史略》引金武祥《粟香隨筆》卷二云是屠紳所作。《中國通俗小說書目》歸入「靈怪類」，其體例為文言史和章回小說體式而成。「《古代小說典》」歸數據庫「文言小說目」。《寧氏目》、詹頌《乾嘉文言小說類》《乾嘉文言小說研究》亦引及此書。
燕山外史	8卷	陳球	補編小說章回演義之屬	✓	✓	「《古代小說典》」數據庫、「《寧氏目》」歸入文言類。《乾嘉文言小說類》詹頌《乾嘉文言小說研究》亦引及此書。
醉茶志怪	4卷	李慶辰	補編			
增訂一席話新集	6卷	題咄咄夫原本，嘻嘻子增訂	拾遺			

青史子	1卷	馬國翰輯	清志		
宋子	1卷	周宋鈃撰，馬國翰輯	清志		
郭子	1卷	晉郭澄之撰，馬國翰輯	清志		
笑林	1卷	魏邯鄲淳撰，馬國翰輯	清志		
水飾	1卷	隋杜寶撰，馬國翰輯	清志		
齊諧記	1卷	宋東陽無疑撰，馬國翰輯	清志		
步里客談	2卷	宋陳長方撰，馬國翰輯	清志		
唐語林	8卷	宋王讜撰，乾隆敕輯	清志		
涔洲可談	3卷	宋朱彧撰，乾隆敕輯	清志		
江淮異人錄	2卷	宋吳淑撰，乾隆敕輯	清志		
賈氏談錄	1卷	宋張洎撰，乾隆敕輯	清志		
山海經圖贊	1卷	郭璞行	清志	✓	✓
東齋記事	6卷	宋范鎮撰，乾隆敕輯	清志		
珍席放談	2卷	宋高晦叟撰，乾隆敕輯	清志		

高齋漫錄	1卷	宋曾慥撰，乾隆敕輯	清志						
張氏可書	1卷	宋張知甫撰，乾隆敕輯	清志						
東南紀聞	3卷	不著撰人，乾隆敕輯	清志						
山海經廣注	18卷	吳任臣	清志	小說	∨	∨			
隴蜀餘聞	1卷	王士禎	清志	小說存目	∨	∨	∨		
矩齋雜記	2卷	施閏章	清志 小說，雜家	小說存目	∨				
客途偶記	1卷	鄭與僑	清志	小說存目					
史異纂	16卷	傅樓詞	清志	小說存目					
有明異叢	10卷	傅樓詞	清志	小說存目					
玉堂薈記	1卷	楊士聰	清志	小說存目	∨			雜家	
謠觚	1卷	顧炎武	清志	史部地理					
山海經存	9卷	汪紱	清志						
山海經箋疏	18卷	郝懿行	清志						
山海經訂訛	1卷	郝懿行	清志						
讀山海經	1卷	俞樾	清志						
穆天子傳注補正	6卷1卷	陳逢衡	清志		∨				
穆天子傳注疏	6卷	檀萃	清志		∨				

書名	卷數	撰者	清志				備註
世說補	20卷	黃汝琳				✓	
說鈴	1卷	吳震方輯		✓		✓	《孫氏目》著錄《說鈴前集》37卷,《後集》16卷,吳震方輯。
影梅庵憶語	1卷	冒襄	清志	✓			
西清散記	4卷	史震林	清志	✓		雜家	
古夫史	34卷	李漁	清志	✓			
潛園集錄	16卷	屠倬	清志	✓			
潛園集錄	16卷	彭希涑輯			✓		
關隴輿中偶憶編	1卷	張祥河	清志				
客話	3卷	李調元	清志				
劇話	2卷	李調元	清志	✓			
莾話	2卷	李調元	清志				
兩般秋雨盦隨筆	8卷	梁紹壬	清志	✓	雜家		
藤陰雜記	2卷	戴璐	清志				
歸田瑣記	8卷	梁章鉅	清志			雜家	
浪跡續談	8卷	梁章鉅	清志		✓		
筆談	2卷	史夢蘭	清志				
菑史	100卷	王初桐	清志;補編	✓			《補編》重複著錄,並補《拾遺》1卷。
裴子語林	2卷	晉裴啓撰,馬國翰輯	清志				
玄中記	1卷	晉郭澄之撰,馬國翰輯	清志				

書名	卷數	編校者	類別	小說存目		備註
世說新語、佚文、校勘小語考證、補引用書目	3卷、1卷、1卷、1卷	王先謙編校	拾遺			
世說新語	1卷	任兆麟選輯	拾遺			
世說新語校語	1卷	沈嚴	拾遺			
稗傳彙編、附餘	8卷、2卷	題玉峰自寬居士編次	拾遺			
筆史	2卷	楊忍本	拾遺	小說存目		
稗史、續編	4卷、4卷	吳翔鳳	拾遺			
稗勺	1卷	鮑珍	拾遺		＞	《鄭氏目》著錄《稗勺》。
坡山遺事	1卷	黃煇	拾遺			
北窗鑱語	1卷	朱藻	拾遺			
白門新柳記、附記	1卷	許豫	拾遺		＞	《鄭氏目》著錄薛時雨撰
白門新柳記補記	1卷	楊亨	拾遺			
筆夢清談	1卷	吳紹箕	拾遺			
並蒂葫蘆	不分卷	周樂清輯	拾遺			
扁舟雜憶	1卷		拾遺			
寶仁堂鹿革囊	1卷	俞鍾雲	拾遺			
白國因由	1卷		拾遺			
病約三章	1卷	尤侗	拾遺			
報謔例言	無卷數	王暐	拾遺			
補花底拾遺	1卷	張潮	拾遺			

重編西清散記	8卷	史震林	補編			
常談叢錄	9卷	李元復	補編			
春夢十三痕	1卷	許桂林	補編			
春泉聞見錄	4卷	劉壽昌	補編			《寧氏目》：劉壽昌
次柳氏舊聞考異【明皇十七事】	1卷	葉德輝	補編			
藏山稿外編	不分卷	徐芳	拾遺	ˇ		
池上叢談	不分卷	許景仁	拾遺			
殘麗故事	1卷	香谷氏	拾遺			
春脊孃剩	2卷	題夢花主人	拾遺			
塵餘	1卷	曹宗璠	拾遺			
吹影編	4卷	題南翔項垣臣赤道人	拾遺			
潮嘉風月記	1卷	俞蛟	拾遺	ˇ		
楚庭稗珠	8卷	檀萃	拾遺			
春燈新集	1卷	魏湘洲選輯	拾遺			
滄海遺珠錄	2卷	題小藍田懺情侍者	拾遺			
塵夢醒談	1卷	吳紹箕	拾遺			
茶餘談薈	2卷	題見南山人	拾遺			
垂綫錄	10卷	張雲璈	拾遺			
蟲鳴漫錄	2卷	採蘅子	拾遺			
詛卦	無卷數	王暶	拾遺			
春江燈市錄	2卷	題瀟湘侍者	拾遺			

書名	卷	題撰相關者	類		備註
春江花史	2卷		拾遺		
纏足談	1卷	袁枚	拾遺		
朝野僉載佚文	1卷	唐張鷟撰，清王仁俊輯	拾遺		
對山書屋墨餘錄	16卷	毛祥麟	補編	ˇ	《鄧氏目》著錄《墨餘錄》。
遁齋偶筆	2卷	徐昆	補編		
鳥居隨錄	1卷	盧若騰	拾遺		
黛史	1卷	張芳	拾遺		
讀史隨筆	6卷	陳忱	拾遺	小說存目	
大有奇書	2卷	陸次雲	拾遺		
蝶階外史、續編	4卷、2卷	高繼衍	拾遺		
道聽途說	12卷	潘綸恩	拾遺		
客中異聞錄	4卷	杜晉卿	拾遺		
燈餘筆錄	1卷	趙培元編	拾遺		
燈影錄	1卷	孫正礽	拾遺		
斷袖篇	1卷	題吳下阿蒙	拾遺		
定命錄	1卷	唐呂道生撰，胡奐輯	拾遺		
耳談	1卷	葉承宗	補編		
風月談餘錄	6卷	徐兆年	補編		《鄧氏目》著錄徐兆豐撰。
覆校穆天子傳、補遺	6卷、1卷	翟雲升	拾遺		

泛湖偶記	1卷	繆艮	拾遺					
梵門綺語錄	3卷		拾遺					
扶風傳信錄	1卷	吳騫	拾遺	✓	✓			
負卦	無卷數	尤侗	拾遺					
瓜架夕談	4卷	謝香開	補編					
過庭紀餘	3卷	陶越	拾遺	✓		小說存目		
宦話	3卷	李調元	拾遺	✓				
公寓偶筆	1卷	杜鈞	拾遺					
豈有此理、更豈有此理	各4卷		拾遺					
古鏡錄	6卷	林樹寅	拾遺					
廣東火劫記	1卷	梁恭辰	拾遺					
孤篷聽雨錄	1卷	嚴保庸	拾遺					
廣陵香影錄、酬贈	1卷、3卷	徐鳳采	拾遺					
耕餘瑣聞	8卷	龔鉽	拾遺					
國朝科場異聞錄	9卷	呂湘變	拾遺					
甘蔗編	1卷	以盦氏	拾遺					
果報聞見錄	1卷	楊武傳	拾遺		✓	小說存目		
桂林錄異	8卷	顧錞	拾遺				✓	《鈴氏目》著錄《桂山錄異》，顧詮撰[356]。《愚齋目》著錄《桂山錄異》，顧注撰。
高辛硯齋雜著	1卷	俞承德	拾遺				✓	《鈴氏目》著錄俞鳳翰撰。據《清人室名別稱字號索引》，知承德為其原名。

龜舍娩跣談	1卷	張正茂	拾遺	
廣聞錄	8卷	王暉	拾遺	
古傳	1卷	王仁俊輯	拾遺	
傳	1卷	王仁俊輯	拾遺	
郭氏玄中記	1卷	葉德輝輯	拾遺	
胡刻唐人說部書五種	5卷	胡珽等編	拾遺	
海鷗小譜	1卷	趙執信	拾遺	
花史	1卷	題愛菊主人編	拾遺	
拜庵摭言	2卷	徐鑅	拾遺	
畫防餘譚	1卷	擇花生	拾遺 ✓	《八千目》題不著撰人名氏。
花當閣叢談〔邸老委談〕	4卷	徐復祚	拾遺	
花國劇談	1卷	王韜	拾遺	
海上冶遊備覽	4卷	指迷生輯	拾遺	
海上群芳譜	4卷	顧曲詞人、懺情侍者	拾遺	
恨家銘	1卷	陸伯周	拾遺	
華嚴色相錄	1卷	佚名	拾遺 ✓	
黑美人別傳	1卷		拾遺	
花仙傳	1卷		拾遺	
侯鯖新錄	5卷	沈定年	拾遺 ✓	《八千目》著錄沈飽山撰。

漢武帝內傳校勘記	1卷	錢熙祚	拾遺	
黃竹子傳	1卷	吳蘭修	拾遺	
漢林四傳	1卷	鄭相如	拾遺	
花烏春秋	1卷	張潮	拾遺	
花品	1卷	王再咸	拾遺	
豪譜	1卷	高承勳	拾遺	
後山談叢佚文	1卷	宋陳師道撰、清王仁俊輯	拾遺	
河東記佚文	1卷	唐薛漁思撰、清胡鼎輯	拾遺	
漢武故事	2卷	漢班固撰、清洪頤煊輯	拾遺	
漢武故事	1卷	漢班固撰、清王仁俊輯	拾遺	
近事叢殘	4卷	沈贇	補編	
靜娛亭筆記	12卷	張培仁	補編	
京塵雜錄	4卷	楊懋建	補編	
雞肋編校勘記	1卷	胡珽	拾遺	
寄園寄所寄摘錄	1卷	趙吉士	拾遺	
澗上叢談	不分卷	許景仁	拾遺	
見聞記略	4卷	楊樹本	拾遺	
鏡花水月	8卷	題夢東羽衣客	拾遺	

井蛙雜錄	2卷	宋韻山	拾遺						
鶴園隨筆	4卷	吳覲	拾遺	✓					
寄樗備談	1卷	奕賡	拾遺						
蕉軒續錄	2卷	方濬師	拾遺						
見聞隨筆	22卷	齊學裘	拾遺		✓		✓		
見聞續筆	24卷	齊學裘	拾遺		✓		✓		
教學微言	1卷	題江南程氏求無愧我心齋	拾遺						
稽古錄	1卷	楊濬輯	拾遺						
眅塵隨筆、續筆	1卷	吳趼人	拾遺						
金壺逸史	2卷	天悔生	拾遺						
今齊諧	1卷	題蓬蓬輯	拾遺						
酒話	1卷	于鬯	拾遺						
記某生爲人唆訟事	1卷		拾遺						
記某生爲人書冤事	1卷		拾遺						
巾幗鬚眉記	1卷	董恂	拾遺						
見聞偶記	1卷	蘇元善	拾遺						
見聞外記	1卷	蘇元善	拾遺						
酒闌燈炧談	4卷	題芝秀軒主人	拾遺						
見聞近錄	4卷	俞昭	拾遺	✓		✓			

記夢四則	1卷	張文虎	拾遺		
絳雲小錄	1卷	陳大文編	拾遺		
記栗主殺賊事	1卷	湘聲	拾遺		
劍俠傳、續劍俠編傳	4卷、4卷	鄭觀應編	拾遺		
江湖異人傳	4卷	題靜庵	拾遺		
酒律	1卷	張潮	拾遺		
金園雜纂	1卷	方絢	拾遺		
嘉話錄、詼文	1卷	唐韋絢錄、清王仁俊輯	拾遺		
客舍偶聞	1卷	彭孫貽	清志雜家，補編	✓	《清志》雜家著錄《客舍新聞》。
恐白逸軒所錄	12卷	程昌祚	補編		
科場異聞錄五種附三種	22卷、3卷	吳湘變	拾遺		《拾遺》著錄有《國朝科場異聞錄》9卷、《前明科場異聞錄》5卷、《唐宋科場異聞錄》3卷、《直省科場異聞錄》4卷、《小試異聞錄》1卷，呂湘輯。上述著錄五種共22卷，與此同。
快說續紀	1卷	王暐	拾遺		
客窗二筆	1卷	金捧閶	拾遺		

鄺齋雜記	8卷	孫蕡	拾遺	✓	
括談	2卷	奚貫	拾遺		
科名佳話	1卷	呂湘雯輯	拾遺		
客窗閒話初續	8卷	吳熾昌	拾遺		
唱籲叢錄	1卷	戴坤	拾遺		《鄧氏目》、《袁氏目》作「庵」。
吳庵啐語	1卷	易順鼎	拾遺		
課婢約	1卷	王晫	拾遺		
蘭苕館外史	10卷	許叔平	補編		
聊齋誌異遺稿、附錄	4卷、1卷	蒲松齡撰、劉瀛珍編	補編		
梁氏筆記三種	27卷	梁章鉅	拾遺		
歷朝美人綱目	4卷	王大樞	拾遺		
百韻至書					
兩晉清談	12卷	沈杲之	拾遺		
涼園花影、補遺、續編、附錄	各1卷	題海陵陵腴仙	拾遺		《鄧氏目》著錄宮腴仙撰。
涼棚夜話、續編	4卷、2卷	方元鶴	拾遺		
讕言瑣記	1卷	劉因之	拾遺		
蘭正零香錄	3卷	楊思壽	拾遺		
羅浮夢記	1卷	題醉石居士	拾遺		
老狐談歷代麗人記	1卷	題鵝湖逸士	拾遺		
鸝砭軒質言	4卷	戴蓮芬	拾遺		

書名	卷	撰者		小說存目
雷譜	1卷	金侃	拾遺	
聊齋志異新評	16卷	蒲松齡撰、王士禎評	拾遺	
聊齋志異選	6卷	蒲松齡撰、題古鄭小芝山樵選	拾遺	
聊齋補遺	8卷	題青坡子編、浣花生生校	拾遺	
聊齋續編	8卷	柳春浦	拾遺	
聊齋續志	1至2卷	吳元相	拾遺	
聊齋筆記	2卷	蒲松齡	拾遺	
綠珠傳校勘記	1卷	胡珽	拾遺	
李師師外傳校訛	1卷	胡珽	拾遺	
李師師外傳續校	1卷	金鑒	拾遺	
蓮幕本草並贊	1卷	寄萍xx 主人	拾遺	
雷江脞錄	4卷	章孝基	拾遺	
類林	1卷	王仁俊輯	拾遺	
夢園叢說內篇外篇	各8卷	方濬頤	清志雜家，補編	〉 〉
牧庵雜記	6卷	徐一麟	補編	
穆天子傳釋	1卷	呂吳調陽	拾遺	

穆天子傳地理考證	6卷	丁謙	拾遺			
穆天子傳紀日干支表	1卷	丁謙	拾遺			
穆天子傳補釋	1卷	劉師培	拾遺			
梅花草堂集	14卷	張大復	拾遺			
明逸編	10卷	鄒統魯	拾遺	小說存目		《寧氏目》又名《明世說補》，江有溶撰，鄒統魯增補。
夢餘筆談	1卷	黎安理	拾遺		ˇ	
梅溪筆記	1卷	錢泳	拾遺			
曼陀羅華閣瑣記	2卷	杜文瀾	拾遺		ˇ	《寧氏目》謂此書又名《瑣記》，《八千目》與《寧氏目》同。
埋憂集、續集	10卷、2卷	朱翔清	拾遺		ˇ	《寧氏目》謂此書又名《珠村談怪》。
眉珠盦憶語	1卷	王韜	拾遺			
名媛初集	8卷	戴咸弼	拾遺			
某中丞夫人	1卷		拾遺			
某中丞	1卷		拾遺			
玫瑰花女魅	1卷		拾遺			
美人書	6卷	題篛湖煙水散人	拾遺			
夢言	6卷	萍浪生	拾遺			《重修清史藝文志》作浪萍生撰。

茅簷幻語	8卷	友琴生			拾遺	
墨餘書異	8卷	蔣知白			拾遺	《販書偶記》亦作蔣知白撰，《寧氏目》作蔣知白撰。
閩中錄異	2卷	黃錫蕃	✓		拾遺	
美人判	1卷	尤侗			拾遺	
美人譜	1卷	徐震			拾遺	
耐冷冷談	16卷	宋咸熙			補編	《寧氏目》與《袁氏目》皆作「譚」。
南吳舊話錄	24卷	題趙郡西園老人口授、孫尚綢補撰			拾遺	
南浦秋波錄	3卷	題華胥大夫張際亮			拾遺	
逆黨禍蜀記	1卷	汪筍		✓	拾遺	
女史	1卷	王仁俊輯			拾遺	
偶語	1卷	于鬯			拾遺	
滸洲可談校勘記	1卷	錢熙祚			拾遺	
尊鄉贅筆	3卷	董含			拾遺	
評花軟語附十二花譜暨評豔客	2卷附無卷數	題西溪雲客			拾遺	
批點聊齋誌異	16卷	蒲松齡撰、何安奇批點			拾遺	
排悶錄	11卷	孫洙輯			拾遺	《寧氏目》著錄此書又名《異聞錄》。

責卦	1卷	張潮		拾遺		
噴飯錄	1卷	張潮		拾遺		
遺睡雜言	1卷	楊淯輯		補編		
	8卷	黃凱鈞		補編	✓	
渠丘耳夢錄	4卷	張貴		補編		
遺愁集	14卷	張貴勝		補編		
秦淮廣記	4卷	繆荃孫		補編		
鵲南雜錄	1卷	戴束		拾遺		
秋谷雜編	3卷	金維寧	小說存目	拾遺		
秋坪新語	12卷	題浮槎散人編		拾遺		
群芳外譜	2卷	題惡隱疑人編		拾遺		
衹可自怡	4卷	言忻		拾遺		《寧氏目》及《袁氏目》作《祇可自怡》,《續提要》作《只可自怡》,退一步居散人輯。
青氈夢	1卷	焦承秀		拾遺		
秋鐙瑣憶	2卷	蔣坦		拾遺		
前明科場異聞錄	1卷	呂湘變		拾遺		
酒庵漫筆	8卷	程婉		拾遺		
七夕夜遊記	1卷	沈逢吉		拾遺		
秦淮八豔圖詠	1卷	葉衍蘭、張景祁同編		拾遺		
秦淮豔品	1卷	張曦照		拾遺	✓	
秦淮感舊集	2卷	題頻頻便		拾遺		《寧氏目》著錄《秦淮感舊錄》。

青溪風雨錄	1卷	題雪樵居士輯	拾遺	《續提要》作 2 卷。
秦淮聞見錄	2卷	題雪樵居士輯	拾遺	
喬復生王再來二姬合傳	1卷	李漁	拾遺	
乾𢰅子	1卷	唐溫庭筠撰、胡羲輯	拾遺	
乾𢰅子佚文	1卷	唐溫庭筠撰、王仁俊輯	拾遺	
啓顏錄佚文	1卷	隋侯白撰、王仁俊輯	拾遺	
拾籜餘閒	不分卷	孔毓埏	補編	
瑣蛄雜記	12卷	題竹勿山石道人	補編	《八千目》作不著撰人名氏。
上海天花酒地傳二種	4卷	題瀟湘侍者	拾遺	
山海經	18卷	畢沅校注	拾遺	
山海經校勘記	1卷	黃丕烈	拾遺	
山海經匯說	8卷	陳逢衡	拾遺	
山海經表目	2卷	馮桂芬	拾遺	
山海經地理今釋	6卷	吳承志	拾遺	
山海經平議補錄	1卷	俞樾	拾遺	
山海經圖	5卷		拾遺	

書名	卷	著者			備註
思思里閒筆【鹽〔阝〕二則】	1卷	嚴慶惠			
石里雜識	1卷	張同瑗	拾遺	∨	《寧氏目》著錄《石里雜誌》。
松下閒談	1卷	王士端	拾遺		
松下雜鈔	2卷		拾遺		
掃軌閒談	1卷	江熙	拾遺	∨	
散花菴叢語	1卷	葉鎮	拾遺		
少見錄	1卷	吳又溥	拾遺		
守一齋筆記	4卷	金捧閶	拾遺		
三十六春小譜	4卷	題棒花生	拾遺		
扇底新詩	1卷	詹麟飛	拾遺		
隨園軼事	6級	蔣敦復	拾遺		
十洲春語	3卷	二石生	拾遺		
三儂贅人廣自序、附考	1卷	汪價、朱劍芒	拾遺		
碎金錄	1卷	楊濬輯	拾遺		
珊瑚舌雕談初筆	8卷	許起	拾遺	∨	
水窗春囈	2卷	不著撰人名氏	拾遺	∨	《寧氏目》著錄此書又名《曉窗春語》，歐陽兆熊、金安清撰。
上海三十年豔跡	1卷	吳趼人	拾遺		
隨緣筆記	4卷	周大健	拾遺	∨	
朱驌	12卷	徐士鑾	拾遺		

適言	1卷	于圖	拾遺		
松石廬筆記	1卷	秦文炳	拾遺		
四悔草堂別集（即愛娘傳題辭）、外集（詞）、外集別存	各1卷	題朱臟香	拾遺		
思古齋叢鈔	8卷		拾遺		
山齋答談	8卷	景星杓	拾遺	✓	《八千目》作「譚」。
書葉氏女事	1卷	屈大鈞	拾遺		
三蕉餘話	2卷	陶丙壽	拾遺		
十八娘傳	1卷	趙吉農	拾遺		《鄧氏目》、《袁氏目》及《中國叢書綜錄》皆作趙古農撰。
十眉謠	1卷	徐士俊	拾遺	✓	
書本草	1卷	張潮	拾遺		
十美詞紀	1卷	鄒樞	拾遺		
說咲文續筆	1卷	童葉庚	拾遺		《鄧氏目》著錄《說咲文續筆記》。
山海經逸文	1卷	吳任臣輯	拾遺		
山海經佚文	1卷	王仁俊輯	拾遺		
說苑	1卷	劉宋劉義慶撰、王仁俊輯	拾遺		
三水小牘逸文、附錄	1卷	繆荃孫輯校	拾遺		
三水小牘佚文	1卷	唐皇甫枚撰、王仁俊輯	拾遺		

書名	卷	撰輯者	類			備註
神異經經佚文	1卷	漢東方朔撰、王仁俊輯	拾遺			
逸說	4卷	繆艮	補編	✓		《寧氏目》、《袁氏目》及《八千目》作「塗」，《續提要》作「塗」。
鐵若筆談	4卷	雙保	補編			
唐人小說六種【唐開元小說六種】	1卷	葉德煇編	補編			
天花藏合刻七才子書二種	10卷	題天花藏主人輯	拾遺			
談助	1卷	王崇簡	拾遺			
聽雨軒雜記、續紀、餘紀、贅紀	各1卷	題清涼道人	拾遺			詹頌《乾嘉文言小說研究》作徐承烈撰。
談徵	5卷	題外方山人輯	拾遺			《寧氏目》題方外山人撰，引目《販書偶記》。
唐宋科場異聞錄	3卷	呂湘變	拾遺			
聽雨錄	1卷	楊潯輯	拾遺			
談屑	不分卷	金容鏡	拾遺			
鐵槎山房見聞錄	12卷	于克襄	拾遺			
大狠生傳	1卷	徐瑤	拾遺			
同賢錄	1卷	王仁俊輯	拾遺			
甕牖餘談	8卷	王韜	補編		✓	
無一是齋叢鈔三十七種	37卷		拾遺			

書名	卷數	著者	類別	小說存目		備註
我佛山人筆記四種	4卷	吳趼人	拾遺			
五藏山經傳·海內經附傳	5卷、1卷	呂吳調陽	拾遺			
聞雁齋筆談	1卷	張大復	拾遺			
聞見集	3卷	蔡懋升	拾遺	小說存目		《鄧氏目》著錄《聞見錄》。
五石瓠	1卷	劉鑾	拾遺		✓	
吳門畫舫續錄	3卷	題簡中生	拾遺			
聞見偶錄	1卷	朱象賢	拾遺		✓	
尾蔗叢談	4卷	李調元	拾遺		✓	
聞見閒言	存2卷	江紹蓮	拾遺			
往事錄異	1卷	張涵	拾遺			
聞見偶記	1卷	鄒樹榮	拾遺			
臥遊錄	1卷	楊㥞輯	拾遺			
玩石齋筆記	2卷	路採五	拾遺			
吳門百艷圖	5卷	題司香舊尉評花·花下解人寫豔				
我暇編	無卷數		拾遺			《拾遺》注曰:「書皮題『我暇編第十卷末丁山人著』11字。」
安安錄	12卷	朱海	拾遺		✓	
聞見錄	1卷	黃樁	拾遺			
吳評悅容編	1卷	衛泳	拾遺			

書名	卷數	撰輯者	類別			備註
溫柔鄉記	1卷	梁國正	拾遺			
聞奇錄佚文	1卷	五代於逖撰，王仁俊輯	拾遺			
王子晉別傳	1卷	王仁俊輯	拾遺			
續太平廣記	8卷	陸壽名	補編	∨		
巽隱編	4卷	楊望秦	補編			
熙怡錄	1卷	戴束	補編			《盛氏目》著錄戴整撰。《袁氏目》與《拾遺》同。
續板橋雜記	3卷	題珠泉居士（吳珠泉）	拾遺			
雪鴻小記、補遺【心齋偶輯】	各1卷	題珠泉居士（吳珠泉）	拾遺			
下酒物	2卷	張山來輯	拾遺			
消寒新詠	1卷	題三益山房編	拾遺			
鄉曲枝詞	2卷	俞蛟	拾遺			
續諧鐸	1卷	沈起鳳	拾遺		∨	
賢己編	6卷	黃安濤	拾遺			
香畹樓憶語	1卷	陳斐之	拾遺			
欣賞錄	8卷	馬履豐	拾遺			
消寒綺語	1卷	王言	拾遺			

書名	卷	編著者	拾遺			備註
心影【金壺戲墨】	2卷	黃鈞宰				《拾遺》只著錄《金壺戲墨》及《心影》（《淚墨》《浪墨》《醉墨》《逸墨》。
小螺庵病榻憶語	1卷	孫道乾輯	拾遺			「《古代小說典》數據庫」言作者爲孫漱梅。
醒睡錄初集	10卷	鄧文濱輯	拾遺			鄧著著錄《醒睡錄》，無「初集」二字。袁同《拾遺》。
習苦齋筆記	1卷	戴熙	拾遺	ˇ		
小訟異聞錄	1卷	呂湘變輯	拾遺			
開雲舒卷附互虹日記	各1卷	王樹人	拾遺			
香飲樓賓談	2卷	陸長春	拾遺			《寧目》著錄《香飲樓賓談》‧《中國叢書綜錄》《袁氏目》同《寧氏錄》之著錄。
攟華小錄	1卷	題沅浦凝漁	拾遺			寧氏
夏閏晚景瑣說	1卷	湯春生	拾遺			
栩緣隨筆	1卷	王同愈	拾遺			
新廠諧語譯初編	1卷	周樹奎譯	拾遺			
詳注聊齋誌異圖詠	16卷	蒲松齡撰、呂湛恩注	拾遺	小說存目		
信徵錄	1卷	徐慶	拾遺	ˇ		
消閒述異	3卷	常謙尊輯	拾遺			
雪煩盧記異	2卷	張道	拾遺			
學窗新語	2卷	夏昌祺	拾遺			

仙壇花雨	1卷	題浮園園主人輯	拾遺
續幽怪錄校勘記	1卷	胡珽	拾遺
小牛斤謠	無卷數	黃周星	拾遺
小星志	1卷	丁雄飛	拾遺
嘻談錄三十六則	無卷數	小石道人	拾遺
諧史	4卷	程森泳	拾遺
笑史	4卷	陳庚	拾遺
香蓮品藻	1卷	方絢	拾遺
小說佚文	1卷	梁段芸撰、王仁俊輯	拾遺
續定命錄	1卷	唐溫畬撰、胡柯輯	拾遺
玄中記、補遺	各1卷	茆泮林輯	拾遺
峽山神異記	1卷	宋王輔撰、四庫館臣輯	拾遺
續幽怪錄拾遺	2卷	胡珽	拾遺
宣室志佚文	1卷	唐張讀撰、王仁俊輯	拾遺
笑海叢珠	1卷	題唐陸龜蒙撰、四庫館臣輯	拾遺
笑苑千金	1卷	題張致和撰、四庫館臣輯	拾遺

書名	卷數	編者	類別			備註
隱書	1卷	俞樾	補編			
娛目醒心編	16卷	杜綱	補編			張涳《清代小說》視為通俗小說，「古代小說典」列入白話卷。《續修》亦歸入集部小說類。
餘墨偶談	8卷	孫樹	補編	✓		《八千目》並錄《續編》8卷。
逸農筆記	8卷	黃宏漢	補編			
遺珠貫索	8卷	張純照	補編			
漁磯漫鈔	10卷	雷琳等撰	補編	✓		
粵屑	8卷	劉世馨	補編			
鹽史叢鈔十二種	30卷	題淞北玉魷生（王韜）輯	拾遺		✓	《觀古堂目》著錄《鹽史叢鈔》17卷，未及作者。未知是否同一部書。
揚州夢	4卷	周生	拾遺			
漁洋山人說部精華	12卷	李王通	拾遺			
寓言	1卷	王曄	拾遺			
燕居筆記	4卷	閩閩譚龍鍾道人編輯	拾遺			
粵西從宦略	1卷	王庭筠	拾遺			
遊戲三昧	12卷	曾廷枚	拾遺			
語新	2卷	錢學綸	拾遺			
因證錄	12卷	陳守詁撰輯	拾遺			

書名	卷	撰者	拾遺	存目一	存目二	備註
橋巢雜識	2卷	趙愼畛	拾遺			
養?客談	1卷	題小蓑山近魯草堂主人撰	拾遺			
亦復如是	4卷	青城子	拾遺	✓		《寧氏目》著錄《誌異續編》，末永岳撰《八千目》著錄《誌異續編》8卷，題不著撰人名氏。
雨窗寄所記	4卷	謝坌	拾遺	✓	✓	《寧氏目》著錄《雨窗記所記》，謝坤撰。《八千目》著錄《雨窗寄所寄》。
雲杜故事	1卷	易本烺	拾遺			
遊梁瑣記	1卷	黃軒祖	拾遺			
燕臺集豔【二十四花品】	1卷	題播花居士迦羅奴	拾遺			
姚瑩兒傳	1卷	沈清瑞	拾遺			
遊夢倦談	1卷	吳紹箕	拾遺			
豔妝新語	2卷	題湖上笠翁編輯	拾遺			
雲在軒筆談	1卷	錢希	拾遺			
燕臺花表	1卷	題垣溪寓翁	拾遺			
俞三姑傳	1卷		拾遺			
益智錄	1卷	題延陵紅荳女史	拾遺			

書名	卷數	撰者	類別				備註
雲間雜志	3卷	李紹聞	拾遺				
煙雨樓續聊齋誌異	16卷	解鑒撰、宋起鳳刪訂	拾遺				
陰騭異函	3卷	李汝檖	拾遺				
異談可信錄	23卷	劉頋	拾遺			✓	
冶官記異	6卷	王侃	拾遺				
讕異新編	5卷	俞宗駿輯	拾遺				
鴛鴦譜【悅容編】	1卷	衛泳	拾遺	✓			《八千目》著錄2種《悅容編》，一不著撰人名氏，一題衛泳撰。《鄧氏目》著錄衛泳撰。
元寶公案	1卷	謝開寵	拾遺				《鄧氏目》著錄謝開寵撰。
約言	1卷	張適	拾遺				
胭脂紀事	1卷	伍瑞隆	拾遺	✓			
語林	1卷	王仁俊輯	拾遺				
玉堂詩話	1卷	四庫館臣	拾遺				
諳帝山人雜志	12卷	葉騰驤	補編				
燕丹子	3卷	四庫館臣輯；孫星衍輯校	拾遺				
玉堂閒話佚文	1卷	五代范資撰、王仁俊輯	拾遺				
幽明錄	1卷	劉宋劉義慶撰、王仁俊輯	拾遺				

書名	卷	撰者	類			備註
幽明錄校註	1卷	胡珽撰	拾遺			
昭陽夢史	1卷	董說	拾遺			
張氏卮言	1卷	張元賡	拾遺		✓	
異苑佚文	1卷	劉宋劉敬叔撰、王仁俊輯	拾遺			
誌異續編	8卷	朱承岳	拾遺			《鄧氏目》指《誌異續編》，朱承岳撰，視爲一書二名。《拾遺》則作二書，《亦復如是》作者青城子，而《誌異續編》作者爲朱承岳。
聳雲樓雜說	1卷	陳尚古	拾遺	小說存目	✓	
質直談耳	8卷	錢兆鰲	拾遺			
竹如意	2卷	馬國翰	拾遺			
悶聞錄	12卷	題備訥居士	拾遺			
珠江梅柳記	1卷	周友良	拾遺			
鑄庵隨筆二編	8卷	張培仁	拾遺			
直省科場異聞錄	4卷	呂湘變輯	拾遺			
竹西花事小錄	1卷	題芬陀利利行著偶編	拾遺		✓	《中國叢書綜錄》、《鄧氏目》及《鄧氏目》「芬陀利行者」皆作「芬陀利行者」，《拾遺》與《販書偶記》同。《八千卷目》並錄《燕臺花事錄》1卷，題不著撰人名氏。

書名	卷數	撰者	著錄					備註
醉鄉瑣志	1卷	黃體芳	拾遺					
梓里紀聞	1卷	呂湘變輯	拾遺					
昨非錄	1卷	楊濬輯	拾遺					
中國偵探三十四案	1卷	吳趼人	拾遺					《鄧氏目》著錄無「三十四」三字。
莊諧叢話	1卷	李伯元	拾遺					
珠江奇遇記	1卷	劉瀛	拾遺					
貞烈嬋黃翠花傳	1卷		拾遺					
竹溪見聞志	1卷	陳鑰	拾遺					
饒異錄	1卷	題紙園居士輯	拾遺					
鑄鼎覽迷錄	3卷	俞奉琛	拾遺	✓				
志林新書	1卷	晉虞喜撰、王仁俊輯	拾遺	✓				
雜說佚文	1卷	唐盧言撰、王仁俊輯	拾遺					
醉翁消暑續風月笑談	1卷	四庫館臣輯	拾遺					
百花彈詞	1卷	錢濤		✓				
瓣香外集	1卷	朱守芳		✓				
徹悧	4卷	劉思敬					✓	
茶餘客話	12卷	阮葵生	清志 雜家	✓	✓	✓		
蟲獲軒筆記	不分卷	張爲儔		✓	✓			

書名	卷	撰者								
樗園消夏錄	3卷	郭麐	清志雜家			✓				雜家
長恨歌圖說	5卷	佚名			✓					
戍語	1卷	趙翼			✓					
陳子旅書	1卷	陳璸					✓			
陳無功雜著		陳懋仁					✓			
鈍吟雜錄		馮班	清志雜家	雜家	雜家				✓	
讀史稗語	1卷	徐昉		✓	✓					
東皋雜抄		童潮			✓			✓		
東齋脞語	1卷	吳翌鳳					✓			
東城雜記	2卷	厲鶚				✓	✓			
滇行日錄	1卷	王昶				✓				
定香亭筆談	4卷	阮元	清志雜家			✓				
獨悟庵叢鈔	7卷	沈三白		✓						
喀史		王煒		✓						
盾筆隨聞錄	7卷	俞蓼琛		✓						
豆棚閒話	12卷	不著撰人名氏		✓						
第十一段錦彈詞	1卷	顧衫		✓						
爐律	1卷	阮元龍		✓						
訂訛雜錄	10卷	胡鳴玉	清志雜家	雜家	雜家	✓				雜家

書名	卷數	撰者	清志					
讀書一得	8卷	黃訓					ˇ	
分甘餘話	4卷	黃士稹	清志 雜家	雜家		ˇ		
穀水談林	6卷	胡夏客			ˇ			ˇ
古秀溪所聞、補遺	各2卷				ˇ			
故夫子亭雜錄	6卷	王士稹	清志 雜家	雜家		ˇ		
冒董志	12卷	李調元			ˇ			
古今釋疑	18卷	方中履	清志 雜家	雜家		ˇ		
匯書初編							ˇ	
槐廳載筆	20卷	法武善	清志 史部職官類	ˇ				
寒夜錄	2卷	陳弘緒			ˇ			
黃孝子紀程	2卷	黃向堅		ˇ				
蒿庵閒話	2卷	張爾岐	清志 雜家	ˇ				雜家
禾中災異錄		陶越	ˇ					
活閣羅斷案	16卷	李長科	ˇ					
花底拾遺	1卷	黎道球	ˇ					
杭俗遺風	1卷	范祖述	ˇ					
荊園小語	1卷	申涵光			ˇ		ˇ	
矩斝雜記	2卷	施閏章		雜家				

書名	卷	作者	類別	①	②	③	④	⑤	⑥
井蛙雜記	16卷	李調元							
寄園寄所寄	12卷	趙吉士	清志雜家	雜家	ˇ			雜家	
晉人麈		沈日霖		ˇ					
椒生隨筆	8卷	王之春		ˇ		ˇ			
記聞類編	14卷	佚名		ˇ					
景船齋雜記	2卷	章有謨		ˇ					
集蘇百八章箋序目	1卷	徐琪		ˇ					
居易錄	34卷	王士禛	清志雜家	雜家	ˇ			雜家	
酒史二編					ˇ				
客窗偶談	1卷	陳僖		ˇ					
兩晉清談	12卷	沈果之		ˇ		ˇ			
柳崖外編	8卷	徐昆		ˇ		ˇ		ˇ	
參莫子雜識	1卷	俞蛟瑞		ˇ	ˇ				
流通古書約		曹溶	清志史部目錄類						
龍威秘書	10集	馬俊良輯		雜家	ˇ				
柳南隨筆、續筆	2卷、4卷	王應奎	清志雜家	ˇ					
灤陽消夏錄		紀昀				ˇ			
履園叢話	24卷	錢泳		ˇ				ˇ	

書名	卷數	撰者	備註							
涼州異物記	1卷	張澍輯		✓						
鹿革事類	1卷	俞鍾鑾		✓						
賴古堂藏書十種		周亮工輯				✓				
穆天子傳、附錄	6卷、1卷	洪頤煊校			✓					
穆天子傳補注	6卷	郝懿行		✓	✓					
夢闌瑣筆	1卷	楊復吉		✓						
明齋小識	12卷	諸聯		✓				✓		
明僮合錄				✓						
秘藻集	5卷	許納陛、沙種珍同纂				✓				
荸譜	2卷	李調元		✓		✓				
邛竹杖	7卷	施男			✓	✓				
清異錄	1卷	萬萬里	小說存目		✓					
七頌堂識小錄	1卷	劉體仁			✓		雜家			
乾嘉詩壇點將錄	1卷	不著撰人名氏		✓						
秦雲擷英小譜	1卷	王祖		✓						
樵書初二編	12卷	來集之				✓	雜家			
日知錄	32卷	顧炎武	清志 雜家	✓		✓				
群芳小集	1卷	不著撰人名氏		✓						
晴川蟹錄	4卷	孫之騄	清志 譜錄類			✓				

書名	撰者	卷數	清志			雜家						
仁恕堂筆記	黎士宏											ˇ
人海記	查慎行	不分卷			ˇ	ˇ						
人海記	查慎行	2卷	清志雜家	ˇ	ˇ	ˇ						
容橪蟫說	程哲	12卷						ˇ					
容膝居雜錄	葛芝	6卷						ˇ					
日下舊聞	朱彝尊輯	42卷	清志史部地理					ˇ					
宋稗類鈔	李宗孔											ˇ	
宋稗類鈔	潘永因	2卷	清志雜家				ˇ			雜家			
三餘漫筆	顧萬祺		清志雜家								ˇ		
漱華隨筆	嚴有禧	4卷		ˇ			ˇ		ˇ				
世說新語補	黃汝琳	20卷			ˇ			ˇ					
山海經圖贊補遺	盧文弨	1卷			ˇ			ˇ					
山海經匯說	陳逢衡	8卷			ˇ			ˇ					
山海經地理今釋	吳承志	6卷			ˇ			ˇ					
蜀道驛程記	王士禛	2卷					ˇ						
蜀徼紀聞	王昶	1卷					ˇ						
商洛行程記	王昶	1卷					ˇ						
使楚叢譚	王昶	1卷					ˇ						
末人小說類編、補鈔	不著撰人名氏	4卷、1卷		ˇ									

書名	卷數	作者	備註
三秦記		張澍輯	
夷詞	1卷	黃周星	
梁香隨筆、二筆、三筆、四筆	8卷8卷1卷1卷		
詩鐘錄	1卷	陳昱	
同書		周亮工	清志類書
庭聞州世說	無卷數	宮紫陽	小說存目
談墨錄	16卷	李調元	
陶庵夢憶	8卷	張岱	
桃溪客語	5卷	吳騫	清志地理，雜家
天水冰山錄		周石林	
檀幾叢書	50卷	王晫輯	
文選理學權輿	8卷	汪師韓	清志總集
五茸志逸、補	4卷、14卷	吳履震	
聞見一隅錄		夏炘	
吳騍放言	1卷	吳莊	
吳語	1卷	戴延年	
問餘筆話	1卷	湯傳楹	

書名	卷	撰者							
護聞隨筆		張怡							
消夏閒記	不分卷	顧公燮			ˇ				
嘯亭雜錄、續錄	10卷、3卷	昭槤			ˇ				
雪鴻再錄	1卷	王和		ˇ		ˇ			
西河雜箋	1卷	毛奇齡	ˇ						
香天談藪	1卷	吳震發	ˇ				ˇ		
續高士傳	5卷	高兆					ˇ		
香祖筆記	12卷	王士禎	清志雜家	雜家	雜家			雜家	
硯北雜錄	不分卷	黃叔琳	清志雜家	ˇ					
虞初續新志	1卷	朱承式	清志雜家	ˇ	雜家				
庸閒齋筆記		陳其元	清志雜家	雜家		ˇ			
韻石齋筆談	2卷	姜紹書	清志雜家	雜家		ˇ			
藝海珠塵	4集	吳省蘭	雜家						
雅趣藏書	1卷	錢書	ˇ	ˇ					
憶書	6卷	焦循	ˇ						
簷曝雜記	6卷	趙翼	清志雜家	ˇ	ˇ				ˇ
一斑錄雜述	7卷	不著撰人名氏	ˇ		ˇ				
異物志	2卷	曾釗輯	ˇ						
鄂署雜抄	14卷	汪為熹輯	清志地理	小說存目		ˇ			

書名	卷數	作者	分類									備註
已畦瑣語	1卷	葉燮		✓								
鼺跡編	1卷	孫兆溎		✓								
粵西叢載		汪森輯					✓					
揚州畫舫錄	18卷	李斗	清志地理							✓		
字觸		周亮工	清志術數						✓			
竹素辨訛		陳光縡							✓			
制義科瑣記	4卷	李調元	清志史部政書類				✓					《清志》並錄《續記》1卷。
芝省齋隨筆	不分卷	李遇孫			✓							
佐治藥言、續集	各1卷	汪輝祖	清志法家			✓						
征緬紀略	1卷	王昶				✓						
征緬紀聞	1卷	王昶	清志地理			✓						
芝庵雜記	4卷	陸雲錦		✓								
竹葉亭雜記	8卷	姚元之	清志雜家	✓				雜家				
竹隱盦隨筆	4卷	鄭永禧		✓								
攈餘偶筆	1卷	方士淦		✓								
坐花志果	8卷	汪調生		✓								
正續雲合臥餘	28卷	張智孔								✓		

書名	卷數	作者	清志雜家／譜錄		
任園雜志	4卷	劉廷璣			✓
誌異新編	4卷	福慶		✓	
牛螺籠雜志	1卷	吳文錫		✓	
叢殘小語	1卷	江浩然		✓	
廣新聞	8卷	無悶居士		✓	
說部摭華	6卷	王梅詞隱輯		✓	
近世叢語	8卷	日本角田簡		✓	
溺笑用談	1卷	不著撰人名氏		✓	
山海經圖贊	2卷	嚴可均		✓	
廿二史感應集錄	2卷	彭希涑			✓
西清筆記	2卷	沈初			✓
無耳寫福齋隨筆	2卷	韓泰華			✓
銀瓶徵	1卷	俞樾			✓
幽夢續影	1卷	朱錫綬			✓
硯北叢錄	無卷數	黃叔琳	小說存目		
豆區八友傳	1卷	王著	清志譜錄 小說存目		

後　記

　　論文研究，是科學理性的展現；而附於其末的《後記》卻是作者展露感性的一頁。我的畢業論文寫作，終於來到了這一頁，能走到這裡，我有太多太多必須要感謝的人和事。

　　作爲一個留學生，選修中國古典文獻學專業，似乎有點不知天高地厚，幸有恩師張三夕先生的悉心教導與培養。在讀期間，三夕先生給了我莫大的鼓勵與肯定，啓發與引導。就畢業論文而言，從我的選題、發表相關單篇論文，到論文的寫作各方面，三夕先生都提出了許多實質性的建議、指導與修正。我特別感動先生爲學生付出的辛勞。沒有先生的勞心勞力、認眞負責、啓發指教；沒有先生素來行之有效的研究生培養方案和訓練，我的畢業論文大概難以順產。讀博期間，家中個人，包括自己，接二連三遭逢變故，幸有先生之教誨。三夕先生有句格言：「每天面對虛無的黑洞，心中永遠有一盞長明燈。」又常叮嚀我們要「身體好，心情好，學習好」，做個「三好」學生。感謝三夕先生在我的研究生路上爲我點燃這盞燈。謝謝您，張老師。

　　另外，我也非常感謝王齊洲老師給予我的指導與肯定。我的畢業論文，乃王老師所主持的國家重點基金項目「二十五史《藝文志》著錄小說文獻編纂與研究」旗下的子課題，即「清史稿《藝文志》著錄小說文獻編纂於研究的其中一個課題。王老師多次主持進行「古典小說學術沙龍會議」，討論與項目有關的研究課題，使與會者獲益匪淺。王老師領軍的這個會議對我幫助甚大。我發表在《華中學術》（2013 年第七輯）的單篇論文《〈清史稿・藝文志〉與〈四庫全書總目〉清代小說著錄比較研究》就特別得到了王老師的提點與指教，王老師幾番悉心審閱、修改我的論文。這篇論文，作爲畢業論文

中最先著手處理的部分，有一定的難度，幸得王老師從旁協助，肯定了我對該課題的擬研究方案與寫作，無疑在我的寫作上給我了一個強心劑。另外，還要感謝專業裏的高華平老師。高老師有很深的文字學素養，多次上老師的課，印象最深的就是老師給我們發布的楚國簡帛文字整理與研究任務，並指導我們操作方法，大大提升了我對於文獻的考究與掌握能力，也鍛鍊了我的耐力。

當然，我也要感謝我的同門這三年來給予我的所有關愛、鼓勵與幫助，一路上與我風雨同舟，恕我不一一言謝了。另外，還是要特別感謝鄒明軍師兄、李程師兄幫我校勘論文，並對與我同一屆的李程及茶志高表示最深切的感激之情。對我而言，你們就像是我的小老師。每一堂一同上課的日子，都給了我不同的啓發。同一個課題，你們總是著眼於更高的一個層面，從更新穎、更深刻的角度去剖析問題，可以說，因為你們的存在，我獲得的更多了。我也非常感謝你們一直以來幫我校閱論文，提出具體的修改意見，並且不吝分享研究資源。張門上上下下同門之情，永生難忘。

由碩士而博士，是一條漫長的研究生之路，學問也一天一點地積累。我要藉此機會，向華中師範大學古代文學專業的老師們，如碩導劉興林老師、戴建業老師，武漢大學的王兆鵬老師、中國傳媒大學的董希平老師及馬來亞大學的潘碧華老師等，表達萬二分的謝意。你們對我的幫助、指導與關愛，受用至今。也不忘感謝我的一群研究生朋友，如楊曉琴、黃薇詩、曹永淑、吉田咲紀、夏夢綺、邱風寧、廖元美、梁清采、藍姵錂、蔡曉玲、紀詩蕊、李璘、李娜等，因為有你們的並肩作戰，使我的研究生生活更添精彩與歡樂。謝謝你們。

此外，對一個離鄉背井，在外求學的遊子來說，家人的支持是我精神上最大的支柱。在此，我特別要感謝我的家人，尤其我的媽媽。在同年齡的人早已開始孝養父母的時候，感謝您鼓勵我追逐夢想，讓我勇敢去飛。感謝您雖然不太懂得學術研究的苦與樂，卻仍然耐心傾聽我的心事。其次要感謝洪慧慧老師、林爸爸一家人，在我人生幾度艱難時候，一路陪伴，鼓勵我積極向上，並視我為家庭的一員，分享愛及喜悅予我，因為你們，我更陽光。還要感謝在我成長過程中對我多所助益及疼愛的小學老師羅貴藍老師，感恩一路有您。最後，要感謝曾給予我獎助學金援助的林順忠先生、馬來亞大學中文系畢業生協會、中國國家基金留學委員會及給我經濟援助的長輩們，是你

們的幫助，修長了我的中文之路。我也要謝謝我的好朋友們，你們的每一次
爲我的小小成功響起的掌聲與歡呼，爲我的小小挫折展開的臂膀，長長的文
字，溫暖的話語，都使我更加勇敢。

　　最後，再一次感謝上述諸位，承蒙各位的厚愛，我的研究生之路，走到
了結業時候。我的博士論文，順利完成。

鄭詩儐

2014 年 5 月